校企合作优秀教材

21 世纪应用型人才培养规划教材

"双创"型人才培养教材

精品

U0736385

电子海图显示与信息系统实训指导

DIANZI HAITU
XIANSHI YU
XINXI XITONG
SHIXUN ZHIDAO

主　编　许旭明　缪从金　李茂生

副主编　翟书军　杨德俊

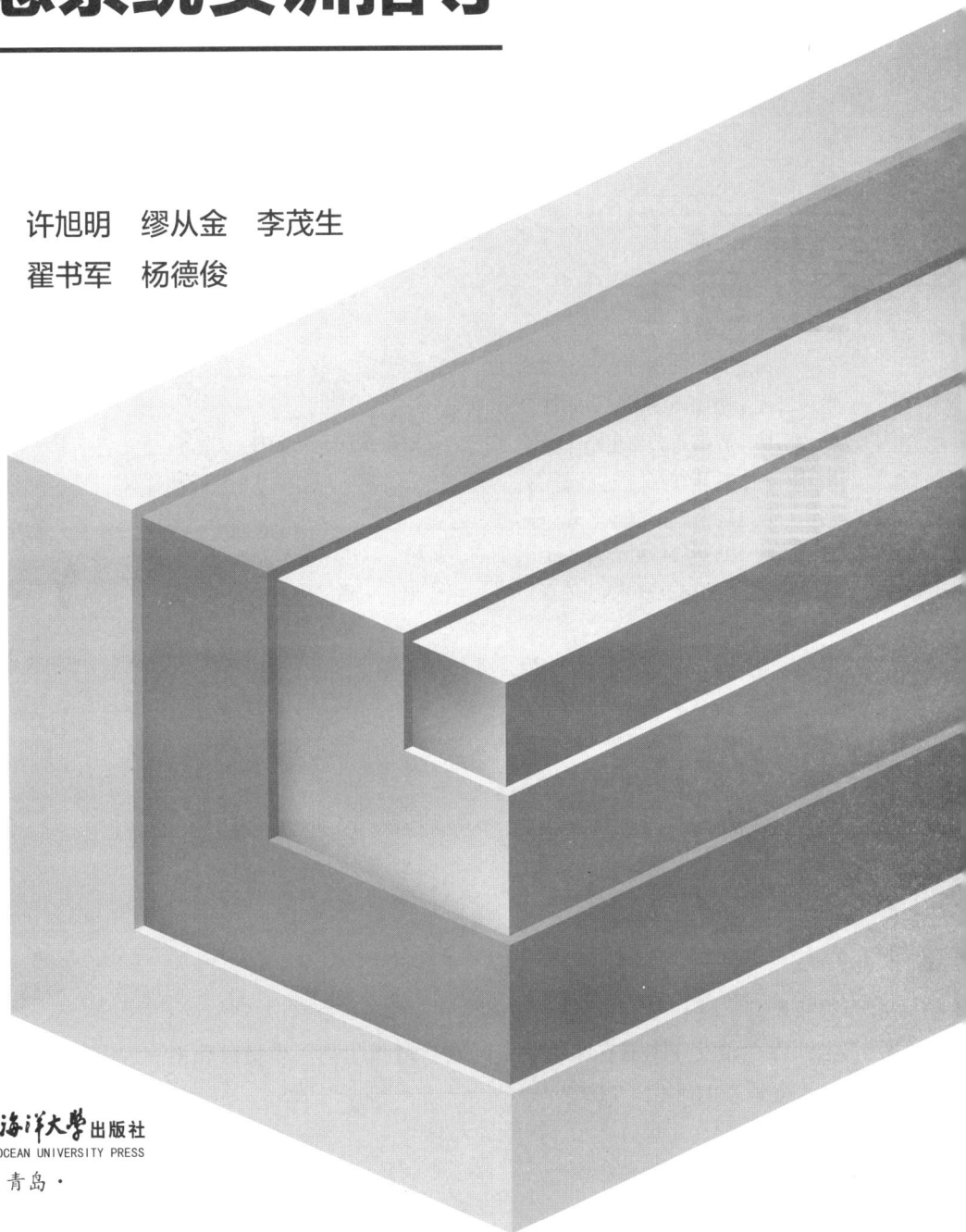

中国海洋大學 出版社

CHINA OCEAN UNIVERSITY PRESS

·青岛·

图书在版编目（CIP）数据

电子海图显示与信息系统实训指导／许旭明，缪从金，李茂生主编 . —青岛：中国海洋大学出版社，2023.7
ISBN 978-7-5670-3392-4

Ⅰ. ①电… Ⅱ. ①许… ②缪… ③李… Ⅲ. ①电子海图–电子数据处理系统–教材 Ⅳ. ①U675.81

中国国家版本馆 CIP 数据核字（2023）第 014485 号

出版发行	中国海洋大学出版社		
社　　址	青岛市香港东路 23 号	邮政编码	266071
出 版 人	刘文菁		
网　　址	http://pub.ouc.edu.cn		
电子信箱	2880524430@qq.com		
订购电话	010-82477073（传真）	电　　话	0532-85902349
责任编辑	王积庆		
印　　制	涿州汇美亿浓印刷有限公司		
版　　次	2023 年 7 月第 1 版		
印　　次	2023 年 7 月第 1 次印刷		
成品尺寸	185 mm×260 mm		
印　　张	12		
字　　数	293 千		
印　　数	1—10000		
定　　价	39.80 元		

前　言

当前，电子海图显示与信息系统（ECDIS）已成为船舶重要的导航和辅助决策系统。因此，能够熟练操作和使用电子海图有助于船舶安全航行，也是船舶驾驶员一项不可或缺的技能。

"电子海图显示与信息系统（ECDIS）"是一门注重实际操作训练的专业课。目前该课程没有专门的教材，只在《航海学》教材中有一章内容对其进行讲述，但侧重于理论知识，缺乏实践操作的内容。随着海南自贸港建设持续进行，海南省海运经济快速发展，高级船舶驾驶员缺口巨大。近年来，船员培训规模增加，培训船员数量呈几何增长。

为了便于航海类专业教师、学生及社会培训船员更好学习"电子海图显示与信息系统（ECDIS）"这门课程的实践操作，我们邀请企业共同编写这本符合海南省航运特色及满足航运企业实际生产需求的电子海图课程实训操作指导教材。

本教材结合航海类院校现有电子海图显示与信息系统（ECDIS）模拟器情况，依据《海船船员培训大纲（2021版）》《海船船员适任评估规范》及相关企业实际生产需求进行编写。教材内容编写以课程实训操作指导提示为主，通过具体的实操步骤对设备的功能进行分解与演示，让学员快速掌握ECDIS设备的功能，并能熟练操作。

教材内容共分三部分。第一部分为ECDIS相关理论知识，可供读者进行深入学习；第二部分为实操方法与步骤，结合企业实际生产需要和航海院校模拟器情况进行编写，为培训学员提供实操训练指导；第三部分为附录，包括培训大纲（摘选）、评估规范（摘选）、ECDIS最低性能标准和评估训练题，能够帮助培训学员在实际应用中更好地理解和使用电子海图显示与信息系统（ECDIS）。

本教材的编写设计以党的二十大报告精神为指导，贯彻党的教育方针，全面落实立德树人根本任务的有关要求，对接行业需求，体现航海教育特色。

在编写本教材过程中，我们得到了合作企业的鼎力相助。其中，上海华洋海事科技发展有限公司的翟书军船长针对在实际生产中船员使用ECDIS常出现的问题给与分析并提供相应解决建议；融信达保险公估有限公司的杨德俊高级船舶公估师协助收集航运案例并提供大量参考资料，特致谢意。

由于编者水平有限，书中不足之处在所难免，敬请读者与同行给予批评指正。

编　者

CONTENTS
目　录

第一篇　理论基础知识

第一章　电子海图与电子海图系统 ……………………………………… 3
第一节　电子海图发展概述 …………………………………………… 3
第二节　电子海图术语与分类 ………………………………………… 4
第三节　电子海图系统分类 …………………………………………… 7

第二章　电子海图的国际标准与主要法规 ……………………………… 10
第一节　法律问题与要求 ……………………………………………… 10
第二节　关于 ECDIS 的相关标准 …………………………………… 13

第三章　ECDIS 数据与显示 …………………………………………… 17
第一节　电子海图数据 ………………………………………………… 17
第二节　ECDIS 数据显示 …………………………………………… 25
第三节　其他航海信息的使用 ………………………………………… 33

第四章　电子海图的功能与应用 ………………………………………… 36
第一节　航线设计与航次计划 ………………………………………… 36
第二节　航行监控 ……………………………………………………… 41
第三节　航行记录 ……………………………………………………… 52

第五章　电子海图的更新与使用风险 …………………………………… 56
第一节　电子海图更新的基本要求与方法 …………………………… 56
第二节　使用电子海图的益处 ………………………………………… 59

第三节　正确安全使用 ECDIS ·· 61

第四节　过度依赖 ECDIS 的风险 ·· 68

第二篇　ECDIS 操作指导

实操一　系统检查与故障检测 ·· 71

实操二　系统数据显示 ·· 112

实操三　航线设计与航次计划 ·· 118

实操四　航行监控 ·· 121

实操五　航海日志 ·· 132

第三篇　附　录

附录一　《海船船员培训大纲》(2021 版)摘要 ······························ 137

附录二　《海船船员适任评估规范》(节选) ·································· 148

附录三　ECDIS 最低性能标准 ·· 174

附录四　海船船员适任评估练习题 ·· 180

参考文献 ·· 185

第一篇

理论基础知识

第 一 章

电子海图与电子海图系统

第一节　电子海图发展概述

自 20 世纪 80 年代开始，随着电子计算机技术和航海技术的发展，产生了以数字形式表示的、描写海域地理信息和航海信息的电子海图以及各种电子海图应用系统。它们的出现，引起了水道测量领域和航海领域的一场技术革命，使海图的研究、生产和使用跨入了一个新的纪元，使航海自动化跨上了一个新的台阶。

电子海图（Electronic Chart，EC）可在显示器上显示出海图信息和其他航海信息，所以也称为"屏幕海图"。电子海图作为一个总概念可分为两个部分：一部分是电子海图数据，另一部分是基于电子海图数据的应用系统。从广义上讲，电子海图是对所有有关电子海图的生产或应用、软件及硬件的技术泛称，即包含了所有涉及电子海图数据、基于电子海图数据的应用系统的内容；从狭义上讲，电子海图就是指电子海图数据。

电子海图的发展大致经历了三个阶段。第一阶段：与纸质海图等同阶段，1970 年末到 1984 年，人们主要是想减少海图体积和减轻海图作业的劳动强度，因此，仅仅是把纸质海图经数字化处理后存入计算机中。第二阶段：功能开拓阶段，到 1986 年，人们开始挖掘电子海图的各种潜能。如电子海图上显示船位、航线绘制，显示船速、航向等船舶参数、报警等等。第三阶段：航行信息系统阶段，将电子海图作为航行信息系统的核心，包括电子海图数据库的完善，与雷达、定位仪、计程仪、测深仪、GPS、VTS、AIS 等各种设备和系统的接入和组合等等。多功能船用电子海图系统对保证船舶航行安全所起的重要作用，得到了 IMO（国际海事组织）和 IHO（国际水道测量组织）以及众多航海专家的认可。

经过多年的发展，电子海图技术不断成熟和完善，电子海图及其应用系统对于提高船舶航行安全、减轻船员工作量的作用也越来越明显。在 2009 年召开的 IMO NAV 第 54 次会议上决定：为了提高航海安全，从 2012 年到 2018 年间在各类相应吨位船舶上陆续强制安装电子海图显示与信息系统（Electronic Chart Display & Information System，ECDIS）。

电子海图显示与信息系统（ECDIS）是种类繁多的电子海图应用系统中的一种，被认为是继雷达之后在船舶导航方面的又一项伟大的技术革命，因为它不仅能够解决碰撞，又能够解决搁浅这两个航海实践中最具有威胁的风险。

ECDIS 通过连接其他航海设备（如 GPS、AIS、雷达、罗经、计程仪、VDR 等）获取航行信息并与之进行数据与信息交流，能够多样化显示海图，自动或手动改正海图，进行船舶动态实时显示（船位、航速、航向等）、航次计划制订与航线设计、航向航迹监控、航行自动报警与提示（如偏航、碰撞、进入限制区等）、自动存储本船航行记录、航行历史再现、航海信息查询，将雷达捕获到的目标以及通过 AIS 接收到的目标动态叠加显示在海图上等。这些功能的实现，使得船舶始终航行在状态明确、态势可控的安全环境下，达到了 ECDIS 促进航行安全的目标。

第二节 电子海图术语与分类

一、电子海图数据与电子海图应用系统

（一）电子海图数据

电子海图数据是指描写海域地理信息和航海信息的数字化产品，是数字海图的一种，其内容以海域要素为主，详细表示航行障碍物、助航标志、港口设施、潮流、海流等要素，陆地着重表示沿海的航行目标和主要地貌、地物。

电子海图数据由各个国家官方水道测量机构出版发行，这些机构同时负责根据航行要素的变化情况及时对已出版的电子海图数据进行补充和改正，以保持电子海图数据的现势性。电子海图可分为光栅海图和矢量海图两大类，如图 1-1-1 所示。

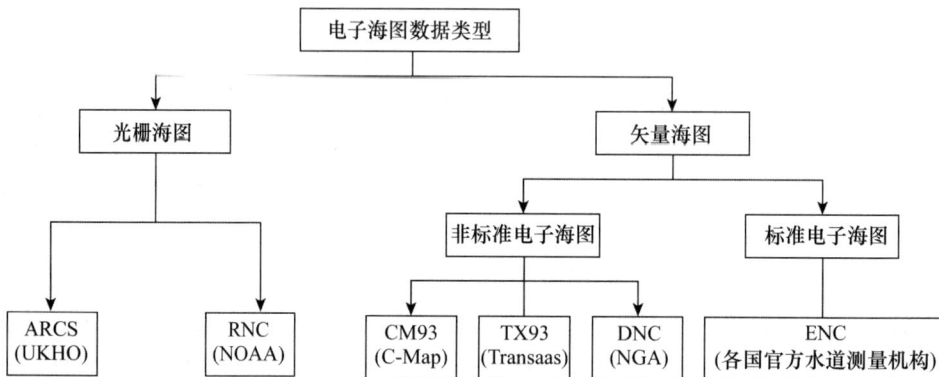

图 1-1-1 电子海图数据类型

（二）电子海图应用系统

电子海图应用系统是指接收并显示电子海图数据，同时提供一定航海功能的软件或设备（包括软件和硬件）。电子海图应用系统的种类繁多，主要有电子海图显示及信息系统（ECDIS）和电子海图系统（ECS）。

二、光栅海图和矢量海图

根据 IHO 的特别出版物《联合国海洋法会议技术手册》（S-51）2006 年 3 月第 4 版的定义，电子海图可分为光栅式和矢量式两大类。

（一）光栅海图（Raster chart，RC）

光栅海图是指以栅格形式表示的数字海图，是纸质海图基础上的"扫描海图"，可以看作是纸质海图的复制品，具有纸质海图的同等精度。但扫描海图形成的是单一的数字图像文件，其显示的几何图像与纸质海图——对应，不能描述其详细资料。光栅海图可以被改正，可以与定位传感器等接口，但使用者不能对光栅海图做询问式操作（如查询某一海图要素特征，或隐去某类海图要素），也不能任意缩放其比例尺。因此，有人称光栅海图为"非智能化电子海图"。

光栅扫描航海图（Raster Navigational Chart，RNC），是通过国家水道测量局或国家水道测量局授权出版的海图数字扫描而成，可结合显示系统提供连续自动的定位功能。RNC 具有以下属性：

（1）由官方纸质海图的复制而成。

（2）根据国际标准制作。

（3）内容的保证由发行数据的水道测量局负责。

（4）根据数字化分发的官方改正数据进行定期改正。

（二）矢量海图（Vector chart，VC）

矢量海图以空间数据和属性数据所组成的矢量数据（vector data）描述海图及相关信息。矢量数据可有多种文件格式，每一种格式按自己的方式保存信息。相似的信息被包含在不同层次中，大多数的矢量海图系统允许航海者使某些层次的信息处于非活动或隐藏状态，使某些层次的信息置于基础层信息之下。在某些情况下，数据信息能依据储存在海图文件中的设置自动被隐藏和显示。

矢量数据的另一重要功能是可查询任意图标的细节，因为一个图标数据的各种信息分层次存放，因而很容易被找到并显示，这意味着航海者可以手动查询不同图标的性质，也可指令系统自动完成这种查询。例如，可以设置系统使航海者只要点击一灯标，就能在显示屏上显示其详细资料。使用者还可以根据需要选择不同层次的信息量（例如只显示小于某一深度的水深），并能设置警戒区、危险区的自动报警，还可查询其他航海信息（如港口设施、潮汐变化、海流矢量等）。在较高的自动化程度下，系统能设计成搜索船舶前方一定距离的影响船舶安全航行的水深、等深线或陆地区域等。

海图矢量数据不仅可通过纸质海图或其他纸质航海出版物获得，也可直接从官方水道测量部门的电子海图数据库（electronic chart data base，ECDB）中获得。ECDB 的数据主要来源于两大部分：一是由水道测量部门实际观测到的航海信息经格式转换后的数据；二是根据原先的纸质海图或其他纸质航海出版物等资料经数字化后产生的数据。

按照标准化程度的不同,矢量海图可分为非标准电子海图和标准电子海图。

三、标准电子海图和非标准电子海图

(一)标准电子海图

标准电子海图就是指符合 IHO 相关标准《数字化水道测量数据传输标准》(S-57)的电子海图,简称 ENC,我们常说的标准电子海图就是指 ENC。ENC 不能在图像显示软件中打开、显示。

在 S-57 标准中规定,只有由各国官方水道测量机构制作并发行的符合 S-57 标准的电子海图才是 ENC,其产品基本覆盖了全球海域。它是标准化程度最高、最具有权威性的电子海图数据类型。

ENC 必须由各个国家官方水道测量机构并按 IHO 统一分配的机构代码制作并发布。中国海事局的代码是 CN。ENC 须按 S-57 的特征物标编码、几何图形制作,保证了数据传递过程中的正确性。ENC 具有标准的数据封装形式,保证了数据在不同系统中传输的正确性。ENC 以 IHO《电子海图显示及信息系统海图内容与显示规范》(S-52)标准作为其显示依据,保证了数据显示的一致性。

标准电子海图不仅具有常规海图的特性,也同时包含有船舶航行需要的各种信息,且更新及时,用户能灵活便捷地进行海图显示控制和各种信息查询,能为船舶导航、航运管理、港口工程等方面提供极大的便利,有助于提高航海安全。

ENC 是电子海图数据领域中主流产品,代表了电子海图数据的发展方向。

(二)非标准电子海图

非标准电子海图就是指不符合 IHO 相关标准的电子海图,主要由非官方机构按自己数据格式生产制作的电子海图数据均属于非标准电子海图。非标准的电子海图也不能在图像显示软件中打开、显示。

在航海领域常用的非标准电子海图主要有 C-Map 公司的 CM93 数据、Transas 公司的 TX97 数据和美国国家地理空间情报局(NGA)生产的数字航海图(Digital Nautical Chart,DNC)。非标准电子海图相对标准电子海图(ENC)存在着明显的缺陷,主要有:

(1)不是官方水道测量机构制作,不能保证数据的权威性;

(2)不直接从事水道测量,数据的现势性不能得到保证;

(3)通用性较差。

正是这些缺陷的存在,非标准电子海图可能在航海安全方面给用户带来致命的安全隐患。虽然美国国家地理空间情报局(NGA)生产的数字航海图是美国官方的水道测量机构,但其产品主要覆盖美国沿海海域,在特定领域使用,美国标准的 ENC 主要由另一家官方水道测量机构——美国国家海洋及大气管理局(NOAA)生产制作。

非标准电子海图不能代表电子海图数据的发展方向。

四、电子航海图和系统电子航海图

（一）电子航海图（Electronic navigatioal chart，ENC）

ENC 是矢量电子海图，其内容、结构和格式符合 IHO S-57 标准和规范。数字化海图数据可以像没有边界的海图那样显示，ENC 由它的个别元素（objects）构成的数据库编制而成。ENCs 装入 ECDIS 后被转换成系统的内部格式（SENC）。ENCs 依据其比例尺可以作为单一海图也可作为无边际显示的多海图浏览。ENCs 是标准化了的电子海图数据库，由各国官方或官方授权的水道测量部门或者其他的相关政府机关制作和发行。ENC 是应用于 ECDIS 的官方电子海图，不应与商业公司出售的电子海图（Electronic Charts，EC）相混淆。ENC 不仅包含了所有航海安全所需的海图资料，还可能包含纸质海图以外的补充资料，如航路指南上被认为对航海安全有用的资料。

（二）系统电子航海图（System electronic navigational chart，SENC）

SENC 是 ENC 经过更新、补充并转换成 ECDIS 内部格式后形成的可以在 ECDIS 直接使用的电子海图数据库，因此 SENC 等效于现行版的已改正到最新状态的纸质海图。但无论是基础数据还是更新数据，均必须符合 IHO S-57 的标准和规范，从而使不同国家的水道测量机构制作的 ENC 可以在各个符合 IHO 要求的 ECDIS 上准确有效地使用。

ENCs 是基于数字数据而非纸质海图的一种新数据概念，其精度比纸质海图或光栅航海图（Raster Nautical Charts，RNCs）高得多，尽管 RNC 也符合使用要求。

航海人员应该注意，ECDIS 显示的数据表象和内容与相同或相似的纸质海图格式的数据有本质的区别。还应注意，尽管 IHO 的规范要求 ENCs 包含航海出版物中的信息，但目前的 ENCs 并不包含满足 SOLAS 要求的所有这些信息，因此，使用 ENCs 的航海者必须继续使用相关的官方航海出版物。

第三节　电子海图系统分类

电子海图，无论是矢量海图还是光栅海图，都仅是将海上空间信息按照数据的方式进行组织和存储而形成的数据文件，无法单独使用。电子海图数据需要与计算机、通导设备和应用系统软件等共同组成"系统"，才能完成信息显示、船位标绘、航线设计、航行报警等一系列导航辅助功能，实现其航行信息系统的目标。

电子海图系统是电子海图开始进入应用时形成的概念，即一种基于电子海图显示的信息系统，用来显示官方或非官方矢量海图或光栅海图，也可具有各种导航应用功能。

电子海图应用系统是指接收并显示电子海图数据并提供一定功能的软件或软件和硬件

设备的综合，所有的电子海图应用系统都以电子海图数据为基础。

电子海图数据和电子海图应用系统为航海人员提供了基础的海图信息平台，让使用者能够直观、方便地了解所处海域的状况，并有效利用这些信息保障船舶的航行安全或者实现相关管理。从应用系统发展情况看，目前主要分为电子海图系统（ECS）和电子海图显示与信息系统（ECDIS）两类。

一、电子海图系统（ECS）

电子海图系统（Electronic Chart System，ECS），是产生最早的电子海图的通俗应用概念，用来显示非官方矢量电子海图或光栅电子海图数据库的海图显示系统。现在通常将不符合 IMO 关于 ECDIS 相关国际标准的电子海图系统统称为 ECS。

中国海事局关于电子海图安装要求中，要求安装的系统即 ECS。强制安装的 ECS 系统可不满足 IMO、IHO 和 IEC 关于 ECDIS 的标准和要求，但需要满足中国海事局关于 ECS 的相关规定，包括电子海图来源、系统功能、系统技术指标等。

ECS 的基本功能与 ECDIS 类似，但在硬件和软件方面可根据用户的需要灵活设计。相比较而言，ECS 的要求略低，ECDIS 中一些必须具备的功能，在 ECS 中并不强制要求，例如临时标绘，因此 ECS 的使用范围也受到限制。

二、电子海图显示与信息系统（Electronic Chart Display and Information System，ECDIS）

电子海图显示与信息系统（ECDIS）是一种完全符合 IMO 关于 ECDIS 的标准和要求的电子海图系统。

IMO 817（19）决议中给出的 ECDIS 的定义是，ECDIS 是一个航行信息系统，这个系统具有充足的后备措施，可以被接受为符合 1974 年 SOLAS 公约中 V/20 条规则要求的最新海图。它可有选择地显示系统电子航海图（SENC）中的信息以及从导航传感器获得的位置信息以帮助航海人员进行航行设计和航路监控，并且能够按要求显示其他与航海相关的补充信息。

需要强调的是，ECDIS 专门用来显示官方电子航海图（ENC）。ENC 及其官方更新数据是唯一可以合法地用于 ECDIS 上的电子海图数据库。目前 IMO 允许 ECDIS 设备工作于两种模式：一是 ECDIS 模式，使用 ENC；一是当 ENC 数据没有时，工作于光栅海图显示系统（RCDS）模式。

ECDIS 与 ECS 的区别在于，ECDIS 必须严格符合 IMO、IHO 和 IEC 的有关国际标准，并且须得到有关组织的认证，其可靠性高、性能稳定，能够满足 SOLAS 公约的要求。ECS 相对来说更加灵活，它不必严格符合有关国际标准，可根据用户的需要灵活设计功能，但其产品可靠性不如 ECDIS。对于适用 SOLAS 公约的船舶最好使用 ECDIS，对于那些小型船舶可根据需要选用合适的 ECS。

三、光栅海图显示系统（RCDS）

光栅海图显示系统（Raster Chart Display System，RCDS）是一种只能显示光栅电子海图数据库的海图显示系统。使用的航海图属非标准电子海图，通常在没有 ENC 覆盖的海域使用。

由于目前 ENC 还未覆盖全球，光栅海图也有一定市场，因此 IMO 在 ECDIS 的性能标准修正案中规定，ECDIS 设备在得不到相应的矢量电子海图时可以工作于 RCDS 模式。但 RCDS 模式并不具有 ECDIS 的全部功能，故在 RCDS 模式下，应该同时使用相应的最新状态的纸质海图。

RCDS 模式有以下局限性。

（1）光栅扫描海图为有边界海图，这种模式如使用一套纸质海图一样。

（2）海图基准面和投影可能和 ENC 不同。在有些情况下会引起船位偏差。

（3）光栅扫描海图应以其纸质海图的比例尺显示，过分的放大或缩小会严重降低 RCDS 的性能。

（4）光栅扫描海图不能启动诸如防止搁浅的自动报警功能，但可以由用户加入信息的方式产生某些报警功能。

（5）光栅海图上的物标不能特殊显示（隐藏）以适合特定的航行要求，诸如分类显示等。

（6）不能随意选择海图显示比例，不能通过查询方式获取海图物标的附加信息，不能设置安全警戒等深线或水深点并使其强调性显示。

综上所述，RCDS 只能显示光栅航海图（RNC），而 ECS 和 ECDIS 主要用来显示矢量海图。就显示界面而言，一个性能完善的 ECS 与 ECDIS 之间并没有本质区别。但 ECS 可以使用非官方、非 S-57 格式的海图数据库，而 ECDIS 必须使用 ENC。

第 二 章

电子海图的国际标准与主要法规

第一节　法律问题与要求

一、SOLAS 公约关于海图配备要求

《国际海上人命安全公约》（SOLAS 公约），是涉及海上安全的各种国际公约中最为重要的公约。其关于海图配备的要求如下。

第五章　航行安全

第 2 条　定义 （2）海图或航海出版物系指专用的图或书，或支持这种图或书的经特殊编辑的数据库，由政府主管当局，经授权的水文局或其他相关的政府机构正式颁布，用于满足航海要求。

第 9 条　水文服务

1. 各缔约国政府承担义务，安排水文资料的收集和编制，并且出版、传播以及不断更新为安全航行所必需的所有航海资料。

2. 各缔约国政府尤应承担义务尽可能进行合作，以最适合于助航目的的方式进行下列导航和水文服务：

1）确保尽可能按安全航行的要求进行水文勘测；

2）编制和发布海图、航行指南、灯塔表、潮汐表和其他航海出版物以满足安全航行的需要；

3）向航海者颁布通告以使海图和航海出版物尽可能及时更新和提供数据管理安全以支持这些服务。

3. 各缔约国政府承担义务，确保尽最大可能统一海图和航海出版物，并且无论何时都要考虑到有关的国际决议和建议。

4. 各缔约国政府承担义务以最大程度协调其活动，确保在全球范围内尽可能及时、可靠并明确地提供水文和航行资料。

第 19 条　船载航行系统和设备的配备要求

2. 船载航行设备和系统

2.1　所有船舶，不论其尺度大小，均应设有：

4）海图和航海出版物，用于计划和显示船舶预定航程的航线以及标绘和监事整个航程的船位；电子海图显示与信息系统（ECDIS）可视为满足本节的海图配备要求；

5）满足上述功能要求的后备装置，若该功能全部或部分由电子装置（合适的对开纸质海图可作为 ECDIS 的后备装置）来完成。

第 27 条　海图和航海出版物

海图和航海出版物，如航路指南、灯塔表、航海通告、潮汐表，以及所有其他拟定航程所需的航海出版物应充足并保持更新。

二、关于电子海图显示与信息系统（ECDIS）安装要求

要求从事国际航行的船舶按下列要求安装 ECDIS：

（1）在 2012 年 7 月 1 日或以后建造的 500 总吨及以上的客船；

（2）在 2012 年 7 月 1 日或以后建造的 3000 总吨及以上的液货船；

（3）在 2013 年 7 月 1 日或以后建造的 10000 总吨及以上的液货船以外的货船；

（4）除液货船外，在 2014 年 7 月 1 日或以后建造的 3000 总吨及以上但小于 10000 总吨的货船；

（5）在 2012 年 7 月 1 日以前建造的 500 总吨及以上的客船，不迟于 2014 年 7 月 1 日或以后的第一次检验；

（6）在 2012 年 7 月 1 日以前建造的 3000 总吨及以上的液货船，不迟于 2015 年 7 月 1 日或以后的第一次检验；

（7）除液货船外，在 2013 年 7 月 1 日以前建造的 50000 总吨及以上的货船不迟于 2016 年 7 月 1 日或以后的第一次检验；

（8）除液货船外，在 2013 年 7 月 1 日以前建造的 20000 总吨及以上但小于 50000 总吨的货船不迟于 2017 年 7 月 1 日或以后的第一次检验；

（9）除液货船外，在 2013 年 7 月 1 日以前建造的 10000 总吨及以上但小于 20000 总吨的货船不迟于 2018 年 7 月 1 日或以后的第一次检验。

三、STCW 关于 ECDIS 培训要求

2010 年马尼拉缔约国大会通过修正的《1978 年海员培训、发证和值班标准国际公约》（STCW 公约马尼拉修正案），该修正案提出了 ECDIS 培训与发证的要求。

（一）500 总吨或以上船舶负责航行值班的高级船员的最低适任标准

1. 适任

使用 ECDIS 保持航行安全。对仅在不要配备 ECDIS 的船上的工作人员不要求进行该设备使用方面的培训和评估，但该限制应反映在给当事海员签发的签证中。

2. 知识、理解和熟练

使用 ECDIS 导航。

（1）ECDIS 运行的性能和限制的知识：

①全面理解电子导航图（ENC）数据、数据精度、呈现规则、显示选择和其他海图数

据格式。

②过分依赖的风险性。

③熟悉有效的性能标准所要求的 ECDIS 功能。

（2）熟悉地操作、解释和分析从 ECDIS 获取的信息：

①ECDIS 与各类装置中其他导航系统集成功能的使用，包括正确使用功能和调整到所需设置。

②安全地监视和调整下列信息，包括本船位置、海区显示、模式和定向、显示的海图数据、航路监视、用户创建的信息层、目标（当接入 AIS 和雷达跟踪时）和雷达叠加功能。

③使用不同方式确认船位。

④充分使用参数设置以确保操作程序的符合性，包括预防搁浅、临近物标和特殊区域的报警参数、海图数据的完整性、海图更新状态和备用方案。

④调整设置和数值以适合当前情况。

⑤使用 ECDIS 时的情景意识，包括安全水域和对危险的临近程度、流向和流速、海图数据和比例尺选择、航路的适合性、物标探测和管理，以及传感器的集成性。

3. 表明适任的方法

通过考试并评估的方式证明下列一项或数项的获取：

（1）认可的培训船经历；

（2）认可的 ECDIS 模拟器培训。

4. 评价适任的标准

以有助于安全航行的方式监控 ECDIS 信息。正确地解释和分析从 ECDIS（包括雷达叠加和雷达跟踪功能）获取的信息并考虑设备的局限性、所有相连的传感器以及当时的环境和条件。

能够通过 ECDIS 的航迹保持功能来调节船舶航向和航速，使船舶的航行安全得以保障。在任何时候都能以海员之间清楚、简要的方式交流并确认操作正确。

（二）500 总吨或以上船舶的船长和大副的最低适任标准

1. 适任

通过使用协助指挥决策的 ECDIS 和关联导航系统，以保持航行安全。对仅在不要配备 ECDIS 的船上的工作人员不要求进行该设备使用方面的培训和评估，但该限制应反映在给当事海员签发的签证中。

2. 知识、理解和熟练

操作程序、系统文件和数据的管理：

（1）管理海图数据和系统软件的采购、许可和更新，以符合既定的程序。

（2）系统和信息更新，包括依据厂商产品开发更新 ECDIS 系统版本的能力。

（3）创建和维护系统配置和备份文件。

（4）依据既定的程序创建和维护运行记录文件。

（5）依据既定的程序创建和维护航次计划文件。

（6）使用 ECDIS 日志和航迹历史功能，检查系统功能、报警设定和用户反应。使用 ECDIS 回放功能进行航行审查、航线设计和系统功能的审查。

3. 表明适任的方法

通过评估方式证明下列一项的获取：

（1）认可的工作经历。

（2）认可的培训船经历。

（3）认可的 ECDIS 模拟器培训。

4. 评价适任的标准

熟悉 ECDIS 的操作程序，能够应用 ECDIS 对船舶航行进行监控并采取正确行动减少航行安全风险。

四、中国海事局关于 ECS 安装要求

中国海事局制定了《国内航行船舶船载电子海图系统和自动识别系统设备管理规定》（简称《规定》），于 2010 年 4 月印发施行。

《规定》将 ECS 分为 A、B、C 三类，其主要特性和区别如下："A"类 ECS，可作为国内航行船舶的主要导航手段，也可作为 ECDIS 设备的备用装置；"B"类 ECS，可用于未要求配备"A"类 ECS 的国内航行船舶，并可作为其导航手段；"C"类 ECS，适用于辅助导航，用于船位标绘和监视。

五、获取数据的责任

SOLAS 公约第五章第 9 条明确规定各缔约国政府（官方）负责海图的编制、发布以及更新。电子海图数据作为纸质海图的替代品，其发布与更新必须遵循 SOLAS 公约，即由各国政府负责发布，并保证及时更新。

作为海图使用者，有责任明确使用符合实际的有效数据，必须保证海图改正至最新；对于海图的改正不仅要知道如何改正而且要知道改正数据的来源；要善于对海图数据的正确性进行确认（系统任何时候都允许查询使用中数据的详细描述，如水深数据的来源、灯标的灯质等）。

第二节　关于 ECDIS 的相关标准

ECDIS 应允许航海人员显示各次更新以审查其内容并核实其已纳入 SENC；ECDIS 应能接受非加密 ENC 和按 IHO 数据保护计划。

一、SENC 信息显示

ECDIS 应能显示所有的 SENC 信息；可在执行计划航线和监控航线时显示的 SENC 信

息应分为三种类型：基本显示、标准显示和所有其他信息；在任何时候，ECDIS应经操作员的单次操作提供标准显示；ECDIS在关闭或断电后打开时，应恢复至最近手动选择的显示设置；应易于增加或消除ECDIS显示的信息，应不能消除基本显示中的信息；对操作员确定的任何地理位置，ECDIS应在要求时显示与该位置相关的海图目标的信息；应能通过适当的步骤改变显示的比例；航海人员应能从SENC提供的水深轮廓线中选择安全轮廓线，ECDIS应在显示的轮廓线中突出安全轮廓线；航海人员应选择安全水深，且每当选择显示任意的测深值时，ECDIS应突出等于或小于安全水深的测深值；ENC及其所有更新应予以显示，但信息内容不能降级；ECDIS应提供方法确保ENC及其所有更新正确地载入SENC；ENC数据及其更新应与显示的其他信息有明显区别。

二、显示模式和邻近区域的生成

ECDIS应一直能以"北向上"方式显示SENC信息，也允许其他方向显示。在显示其他方向时，方向应按足够大的步幅改变以避免海图信息不稳定显示。

ECDIS应提供真运动模式，也允许其他模式。

在使用真运动模式时，邻近区域的海图显示应根据航海人员确定的本船与显示边缘的距离自动调整和生成。

ECDIS应能手动改变海图显示区域和本船相对于显示边缘的位置。

如果在ECDIS显示覆盖的区域中，有些水域的ENC比例不适合导航，则代表这些水域的区域应有指示标记让航海人员参见纸质海图或RCDS操作模式。

三、航线设计、监控和航程记录

（一）航线设计

ECDIS应能以简单可靠的方法进行航线设计和航线监控，在船舶穿过其安全轮廓线和进入禁航区时发出的各种报警或指示，应始终使用给定区域的SENC能够提供的最大比例数据。

ECDIS应能进行包括直线和曲线的航线设计；应能用字母、数字和图形调整设计的航线，包括对一航线增加航路点、删除航路点和改变航路点的位置。

除了已选择的航线外，还应能设计一条或多条替代航线并使所选的航线应能与其他航线能明显区分。

如果航海人员计划的航线穿过本船的安全轮廓线，应有相应指示。如果航海人员计划的航线与禁航区或有特殊条件的地理区域边界的距离比用户规定的距离近，应有指示。如果航海人员计划的航线离点目标（例如固定或浮动的航标或单独的危险物）比用户规定的距离近，也应有指示。

航海人员应能规定偏离计划航线的交叉航迹极限，并在达到此极限时，自动偏航报警应启动。

（二）航线监控

只要显示覆盖所在区域，ECDIS 就应显示所选航线和本船位置；在进行航线监控时，应能显示无船舶显示的海区。自动航线监控功能（例如更新船舶位置、提供报警和指示）应是连续的；应能通过操作员单次操作立即恢复到覆盖本船位置的航线监控显示。

如果本船将在航海人员规定的时间内穿越安全轮廓线，ECDIS 应发出报警；如果本船将在航海人员规定的时间内穿越禁航区或有特殊条件的地理区域的边界，ECDIS 应根据航海人员的选择发出报警或指示；在偏离计划航线的交叉航迹超过规定极限时，应发出报警。

如果本船按航海人员规定的时间或距离继续其当前航向和航速，与危险物（例如障碍物）的距离就会比用户规定的距离近，而该危险物比航海人员规定的安全轮廓线或航标浅，ECDIS 则应向航海人员发出指示。

ECDIS 应从精度符合安全航行要求的连续定位系统得出船舶位置。只要有可能，应提供第二个独立的且最好是不同类型的定位位置。在这种情况下，ECDIS 应能辨别两个船位之间的差异。当来自船位、船首向或航速源的输入丢失时，ECDIS 应报警。ECDIS 还应重复（但只作为提示）从船位、船首向或航速源传来的任何报警或指示。当船舶在计划航线的临界点之前到达航海人员规定的时间或距离时，ECDIS 应报警。定位系统和 SENC 应采用相同的大地测量基准。如果不是这样，ECDIS 应报警。

ECDIS 应能显示除所选航线以外的替代航线。所选航线应能与其他航线有明显区别。在航行时，航海人员应能修改所选航线或改变替代航线。应能显示：船舶航迹的时间标记（根据需要手动显示和按选定的 1 分钟和 120 分钟之间的间隔时间自动显示）和足够数量的点、自由移动的电子方位线，可变和固定的距离标志以及用于航行目的的并在附录三中规定的其他符号。

ECDIS 应能登录任何位置的地理坐标并根据需要显示该位置。还应能选择显示中的任何点（特征、符号或位置）并根据需要读出其地理坐标。应有可能手动调节显示的船舶地理位置。此种手动调节应在屏幕上用字母数字注明并保持到航海人员将其变更和自动记录后。

ECDIS 应有能力登录和标绘手动获得的方位和距离位置线，并计算本船的合成位置。应有可能使用合成位置作为推算船位的原点。ECDIS 应指出连续定位系统获得的位置和手动观测获得的位置之间的差异。

（三）航程记录

ECDIS 应储存并能再生重构航行所需的某些最小要素，并验证过去 12 小时所使用的正式的数据库。下列数据应以 1 分钟间隔时间加以记录：①确保记录本船经过的航迹，包括时间、船位、航向和航速；②确保记录使用过的正式数据，包括 ENC 信息源、版本、日期、单元和更新史。

另外，ECDIS 应对全航程有完整的航迹记录，并有不超过 4 小时间隔的时间标记；应不可能篡改或改变已记录的信息；应有能力保持前 12 小时的记录以及航程航迹的记录。

二、IEC 对 ECDIS 硬件设备的检验和测深标准

与 IMO 的 ECDIS 性能标准相呼应，IEC 在 IEC61174 文件中确定了对 ECDIS 硬件设备的检验和测深标准，要求 ECDIS 的硬件设备要通过 IEC 的性能测试，标准规定了设备的工作和性能要求、测试方法和要求的测试结果。

第 三 章

ECDIS 数据与显示

第一节　电子海图数据

一、基础知识

对于电子海图，我们已经知道，它具有光栅和矢量两种类型，而光栅电子海图几乎与纸质海图相同，它提供给我们的是具体的直观图像，而电子海图是既有可以看到的图像又有实实在在的海图物标的具体特征数值。ECDIS 的数据基础知识，主要包括数据模型、物标分类和数据基准。

（一）数据模型

对于 ECDIS 数据，IHO 颁布了《数字化水道测量数据传输标准》。该标准规定了有关 ECDIS 数据的模型、类目及其编码、属性及其编码、存储与传输格式、产品规范等，这里简称为 S-57 物标。S-57 物标的数据模型即为矢量数据结构，它将现实世界的物标实体使用空间对象和特征对象的组合来描述。

空间对象：描述实体的空间位置属性，由点、边界和面的坐标及其相互关系构成。

特征对象：描述实体的种类、性质和特征等属性信息。特征对象以空间对象的存在为前提，借用空间数据表达其所在的位置。二者通过编码组成了建立 S-57 物标数据的要素基础。

（二）空间向量模型

S-57 采用了二维平面观测法来简化模型。因此，向量类空间物标可能是零维、一维或二维，分别对应节点、边和面。这三个维数可以表示为物标的属性。

（三）物标类目

到目前为止，我们掌握了 S-57 标准的基本原理，知道了它是通过数据模型来描述客观世界实体。这些实体是现实世界实际存在的，或是具体存在或是规定存在。而在数据模型中，假定客观世界实体可以划分为有限的一些类别，如灯标、沉船、建筑物区等。因此，将有限的客观实体划分为相应的类别并进行适当的描述，就构成了 S-57 物标目录。

这些实体类型在物标目录中称为特征物标类。特征物标类的一个实例可以归结为一个特征物标（如一个特定的灯标、沉船或建筑物区），可以赋给它一系列属性并为这些属性赋值来精确地描述。一个特定的客观世界实体通过描述适当的特征类、属性和属性值来编码。例如，一个红色侧标可以编码为：

物标类：侧面浮标；属性：彩色；属性值：红色。

S-57 物标数据模型定义了四类特征物标，分别是：地理类（Geo）（60 种），包含客观世界实体的描述特征；元类（Meta）（13 种），包含其他物标的信息（如编辑比例尺、垂直基准面）；组合类（Collection）（3 种），描述与其他物标之间关系的信息；制图类（Cartographic）（5 种），包含客观世界实体的制图显示信息。

（四）物标及其属性

对于 S-57 物标，标准中有详细的定义来表达某物标的数据构成。在类目定义中，给出了物标类目的名称、六位字符的缩写编码、数值型的代码、具有的属性、说明型定义、在国际海图中的参照以及附注说明。为区别对待，将物标类的属性分为三类，即属性 A、属性 B 和属性 C，分别对应基本属性、辅助属性和其他属性。属性又分为六种类型：E-枚举型、L-列表（多选）型、F-浮点型、I-整数型、A-编码（格式）字符串、S-任意字符型。

实际的物标，如一个航标，它可能是由标体、顶标、灯标、雷达反射器等多个物标组成的（ECDIS 中称为复合体），这些物标共用一个空间，综合表达一个完整的航标。由此我们知道，一个物标类代表一个信息种类，每个种类带有各自的属性，对各个属性赋予了具体数值，就确定了一个特殊的物标个体。

（五）数据基准面

1. 水平基准面

（1）地球。

随着科学技术的发展，人类逐渐认识到地球的形状极近于一个两极略扁的旋转椭球体。对于这个椭球体的表面，可用简单的数学公式将它准确地表达出来，因而世界各国通常都采用旋转椭球体代表地球。它的形状和大小与椭球的长短半径 a、b 有关，也可用和这两个量有关的其他量来表示。

为了在地球表面上确定一个准确的位置，我们必须知道地球本身的形状和大小。正如我们所知，地球不是一个完美的球体，更像是一个在轴附近发生扁平的椭球体。因而，为了实用化，经常用椭球体的形状来描述地球的形状。人们以假想的平均静止的海水面形成的"大地体"为参照，计算出近似的椭球体。我们把形状和大小与大地体相近并且两者之间的相对位置确定的旋转椭球体称为参考椭球。参考椭球面是测量计算的基准面。世界各国都根据本国的地面测量成果选择一种适合本国要求的参考椭球，因而参考椭球有许多个。这样确定的参考椭球在一般情况下和各国领域内的局部大地水准面最为接近，对该国的常规测绘工作较为方便。然而当我们将各国测量成果联系起来进行国际间的合作时，则参考椭球的不同又带来了不便，因此，从全球着眼，必须寻求一个和整个大地体最为接近的参考椭球，称为总地球椭球。

（2）大地水准面。

地球上的任意一点，都同时受到两个力的作用：地球自转的离心力和地心引力，它们的合力称为重力，重力的方向即为铅垂线。

处于静止状态的水面，例如平静的胡泊水面，即表示一个水准面。水准面必然处处与重力方向垂直，否则水就要流动，处于运动状态。在地球引力起作用的空间范围内，通过任何高度的点都有一个水准面。

从总体上来说，海水面是地球上最广大的天然水准面。设想把平均海水面扩展，延伸到大陆下面，形成一个包围整个地球的曲面，则称这个水准面为大地水准面，它所包围的形状称为大地体。由于大地水准面的形状和大地体的大小均接近地球自然表面的形状和大小，并且它的位置是比较稳定的，因此，我们选取大地水准面作为测量外业的基准面，而与其相垂直的铅垂线则是外业的基准线。

（3）当地基准面。

基准面是利用特定椭球体对特定地区地球表面的逼近，因此每个国家或地区均有各自的基准面，我们通常称谓的北京 54 坐标系、西安 80 坐标系实际上指的是我国的两个大地基准面。

从 1953 年起，我国参照苏联的克拉索夫斯基椭球体建立了我国的北京 54 坐标系，1978 年采用国际大地测量协会推荐的 1975 地球椭球体建立了我国新的大地坐标系——西安 80 坐标系，目前大地测量基本仍以北京 54 坐标系作为参照。

（4）WGS-84 基准面。

WGS-84（World Geodetic System，1984）是美国国防部研制确定的大地坐标系，它是一种地心坐标系，即以地心作为椭球体中心。目前 GPS 测量数据多以 WGS1984 为基准，称为 WGS-84 坐标系。

ECDIS 性能标准规定，为了使不同来源的位置信息汇合到一个数据库，只能采用一个水平基准面 IHO 技术决议 B.11，这个基准面应为 WGS-84，这也是全球定位系统（GPS）适用的基准面。各国水道测量组织应在生产 ENC 数据时将当地基准面转换到WGS-84。

2. 垂直基准面

水深测量通常在动态升降的水面上进行，因此不同时刻测量同一点的水深是不同的，而这个差值随各地的潮差大小而不同，并在某些海域十分明显。为了修正测得水深中的潮高，必须确定一个起算面，以便把不同时刻测得的某点水深归算到这个面上，这个面就是深度基准面。

深度基准面通常取在当地平均海面下深度为 L 的位置。求算深度基准面的原则，是既要保证船舶航行安全，又要考虑航道利用率。由于各国求 L 值的方法有别，因此采用的深度基准面也不相同。

美国海图水深、高度基准面：在太平洋海岸、夏威夷及菲律宾群岛以平均较低低潮面（Mean Lower Low Water）为水深基准面；大西洋沿岸、墨西哥湾以平均低潮面（Mean Low Water）为水深基准面；高度基准面则除了于海图标题另有描述以外，均以平均高潮面（Mean High Water）为高度基准面。

英国海图水深、高度基准面：以平均大潮低潮（Mean Low Water Spring）为基准面，但在中国、印度海域，则采用印度大潮低潮面为基准面；高度基准面则除了海图标题另有描述以外，均以平均大潮高潮面（Mean High Water Spring）为高度基准面。

日本海图水深、高度基准面：以约最低低潮面（Approximate Level of Lowest Low Water）为海图基准面；高度基准面则除了海图标题另有描述以外，均以平均高潮面（Mean High Water）为高度基准面。

我国海图水深、高度基准面：我国海图水深基准面采用理论最低潮面为水深基准。绝大多数低潮的实际水深大于海图所载水深，这样有利于保证航行安全。我国海图上标注的山头、岛屿及明礁等的高度起算面称为高度基准面，一般采用的是" 1985 年国家高程基准面"，但因资料关系，也有采用当地平均海面作为起算面的，例如我国的台湾、舟山群岛及远离大陆的岛屿，就是采用当地平均海面作为高度基准面的。我国高度基准面的采用标准与单位，在海图标题栏内均有标名。海图陆地上所标数字，以及水上带有括号的数字，都是表示该数字附近物标的高度。物标高度是由高度基准面至物标顶端的海拔高度，高度大于 10m 者精确到 1m；高度小于 10m 者精确到 0.1m。

二、电子海图数据

电子海图数据是 ECDIS 运行的基础，使用人员应该具备一定的知识来对系统使用的数据进行管理、审核和利用。

ECDIS 最低性能标准中对电子海图数据有如下描述：ECDIS 中使用的海图数据是由政府授权的海道测量机构发布的最新版本的数据并符合 IHO 的有关标准。为了确认数据的发布日期及来源，ECDIS 应包含可用的 ENC 数据的图形索引，并能根据海员的要求读取每个 ENC 单元的版本信息及发布日期。新版本的 ENC 将取代原有版本及其由政府授权的海道测量机构发布的全部改正数据。

STCW 公约马尼拉修正案中对船员的电子海图数据管理能力有如下描述：

应掌握下列知识和技能：

（1）手动更新电子海图，特别注意参考椭圆体的一致性以及海图上和更正文本里所用的计量单位的一致性。

（2）使用电子海图格式的在电子媒介上获得的数据实现电子海图半自动更新。

（3）使用通过电子数据通信网数据通信线路获得的更新数据文件实现电子海图的自动更新。

（一）电子航海图 ENC

ENC（Electronic Navigational Chart），属于电子海图数据，是 S-57 数据集的一个子集，是专为 ECDIS 使用特殊裁定得到的。ENC 是内容、结构、格式均标准化了的数据库，这个数据库由官方授权的权威水道测量部门制作发行，供 ECDIS 使用。这种海图不仅具有安全航行所需要的所有信息，还可以具有被认为航行安全所需的其他纸质海图没有的信息。

ENC 具有以下属性：

（1）内容基于主管水道测量局的原始数据或官方海图。

（2）根据国际标准进行编码和编制。

（3）基于 WGS-84 坐标系。

（4）内容的保证由发行数据的水道测量局负责。

（5）只由主管水道测量局发行。

（6）根据数字化分发的官方改正数据进行定期改正。

（二）海图更新

与纸质海图一样，电子海图同样存在更新问题。对此，S-52 专门在附录一电子航海图更新指南中详细规定了电子海图数据的更新方式和手段。

规定指出，只有官方发布的 ENC 更新信息，例如，那些由负责船用 ENC 的权威发行机构颁布的，以数字化格式提供的更新信息才能够被接受进 SENC。其他一切更新信息或者航海安全信息均应手工输入，这类附加信息可能来自航海通告、地方通告、无线电航海警告、船员的注释等等。

规定还指出，改正数据只能加入 SENC，但不能改动 SENC。自动改正数据要区别于手工改正数据，在记录和显示中要能够体现出来。数据更新主要有两种方式：

1. 手动更新

由操作人员手工将信息键入 ECDIS。为使 ECDIS 能够接受手工更新数据，更新信息必须以某种合理的结构输入，其结构至少应与有关的 ECDIS 标准相符，并能够区别显示。

2. 自动更新

不经操作人员介入即可在 ECDIS 内部将更新信息接收到 SENC 中去的更新过程，可以进一步划分为以下两种类型。

（1）全自动更新。不必任何人员介入即可使更新信息从分发人处直接传入 ECDIS。可以通过广播或者互联网完成传送。在确认或接收过程完毕后，ECDIS 即可自动处理更新信息，并传送给 SENC。

（2）半自动更新。需要人员介入才能够在传输媒介和 ECDIS 之间建立连通渠道（例如插入更新磁盘或者建立电话通信线路）的更新方法。在确认或接收过程完毕后，ECDIS 即可自动处理更新信息并传送给 SENC。

（三）海图发行

标准文件中对海图发行机构的责任要求描述如下。

1. 法律责任

任一成员国均负有为其管辖的国际共用水域准备和提供数字数据的责任，并承担后续的数据更新职责。

权威发行机构负责建立 ENC 更新信息的分发网络。

任何 ENC 更新信息均应使其他权威发行机构能够立即索取得到其拷贝。

应该尽早实现全球范围的定期 ENC 更新信息广播。

成员国必须承担法律责任。

2. 数据更新

某一 ENC 的权威发行机构对该份 ENC 的正式更新负有责任。

应建立不论从技术上还是从经济上都有效的更新解决方案。

负责发行的水道测量组织有责任及时向航海者提供 ENC 更新数据。

地区性或者更大区域的 ENC 数据包的更新信息应该在世界各地均能得到。

发行更新信息的时间间隔。根据惯例，从某个无线电航海警告的首次广播时刻到相应的航海通告发布时刻之间的时间间隔不得超过 42 天。参与准备和分发 ENC 更新信息的所有部门均应满足这个要求。如果能够利用现有的数字化技术和电信技术，应该有可能大大缩短这一时间间隔。

所提供的更新信息必须能够让权威发行机构清晰地辨认出该条信息中所反映的变化。

所提供的更新信息必须能够应用于满足各种比例尺和各种航海目的需要而编制的 ENCD。

3. 数据保证

提供原始数据的任一成员国应保证数据的可靠性。

权威发行机构应建立适当的质量管理机制，以保证 ENC 更新信息的生产、管理和分发。

为保证 ENC 服务的质量，应启用公认的质量管理标准。

三、传感器数据

ECDIS 的强大功能，是通过综合处理连接的外部传感器设备传递来的数据并统一显示在电子海图上实现的。因此，在客观上，外部设备的正确使用、设备的正常运行，将直接影响 ECDIS 的使用效果。

（一）传感器及其接口协议

理论上讲，ECDIS 可以与所有船舶导航设备或具有数字信息输出的其他设备连接，这也是 ECDIS 之所以已经被人们接受为船舶信息核心的原因。

目前，ECDIS 传感器主要包括定位设备、测深设备、雷达、ARPA、AIS、罗经、气象仪等。由于 ECDIS 与这些外部设备的连接需要通过串口进行，而通常的电脑的串口数量无法满足诸多设备的接入，因此，目前多采用如下方法进行串口的拓展：

1. 多串口卡

将 ECDIS 的一个串口扩展为多个串口，各传感器通过各自的串口单独接入。

2. 串口分配器

各传感器分别连接到一个集成端口，ECDIS 自动进行信号解析，只控制是否连接某设备。

3. 网络串口分配器

随着网络技术的发展，外部设备的连接已经开始借助网络串口进行。

（二）传感器数据分类

目前，ECDIS 传感器的数据主要包括以下方面。

（1）定位数据，给出本船的位置、航向、航速。

（2）测深数据，给出本船测深仪所在位置处的水深。

（3）雷达数据，给出雷达数字图像。

（4）ARPA 数据，给出雷达跟踪目标的相对位置、运动速度和运动方向。

（5）AIS 数据，给出接收到的本船周围的其他 AIS 目标的位置、运动速度、运动方向等信息。

（6）罗经数据，给出本船的罗经北。

（7）气象数据，给出风向、风速。

现在，有些 ECDIS 开发商已经将航警接收设备（NAVTEX）接入。从发展的角度来看，未来 ECDIS 能够连接的传感器可能会从导航和助航设备延伸到类似自动舵等控制设备和机舱监控设备。

（三）传感器数据误差

船员必须明确认识和理解传感器的性能极限和误差来源，做到在使用 ECDIS 的时候，能够掌握并正确处理传感器的运行。

设备本身固有的误差：任何设备都具有自身固有的偏差，是无法避免和调整的。

设备所基于的坐标系的不同导致的误差：任何设备的运行，都具有参照基准，当多种设备组合在一起的时候，就存在是否同时参照同一基准的问题。

设备天线、传感器位置造成的误差：在位置信息中，是一个点的概念，而我们使用的位置，是用这个点来代替某个具有形状的物体，如本船。当使用的信息范畴受到形状影响的时候，这个由点构成的本船及其周围的目标，就会存在不准确的现象。例如，当应该显示比例船型的时候，如果得到的船位不在船中［即本船符号的中枢点，ECDIS 以船舶的操舵位置（Conning Position）为中枢点，该点经过系统对定位天线位置等参数的计算得到］，就会显示错误的船舶周边状态和相对位置。

设备性能的下降或突然的故障：设备的老化会引起性能的降低，导致数据精度变低。有些临时的故障，如电源波动，也会导致数据错误。

设备产生数据的时间周期不同步等：这一点很重要，应该给予非常的重视。我们谈及的"实时"，其实是有条件的。我们知道，GPS 定位一般每秒产生 3 个位置数据，AIS 在船舶正常航行时，每 2 秒发送一次位置信息，雷达一般 3 秒为一个扫描周期，ECDIS 一般会从 1～3 秒可设置显示刷新周期，如此等等。由此，我们不难得出，在 ECDIS 显示中，其使用的各种传感器数据是在该显示瞬间的"过时"数值，而不是即时数据值，因而，存在着明显的"延时"错位误差，也就是我们所说的"在 ECDIS 上看到的，不一定是实际真实的"。

所以，船员要熟悉并掌握设备的性能参数来拥有 ECDIS 涉及的所有传感器数据可靠性知识，以便正确理解和运用，如位置、深度、方向、速度等，对于他们的数据可靠性要根据设备自身以及运行环境的变化来评估，例如：

（1）定位精度。是一种表达为概率的术语，"精度 100 米（95%）"，是指有 5% 的情况下精度低于 100 米。

（2）可靠性。当主定位传感器失效时，定位质量会降低，例如，在从 DGPS（自动）变为 GPS 时，精度将变为 100 米而不是原来 DGPS 的 10 米。

（3）计算精度：如下一个转向点或转舵点的 ETA，要依赖于位置、速度等传感器的准确性。

（4）坐标参照系统：ECDIS 海图数据 WGS-84 坐标系，因此，在涉及位置数据的传感器中，要注意其坐标参数的设置。

（5）各种传感器的性能标准。要熟悉本船使用的各种设备的性能参数。

（四）正确使用传感器数据

我们知道，ECDIS 的主要优势之一是在海图上自动实时显示本船的船位、航向和航速等，因此，只有当船员始终知道传感器数据输入的质量，知道"他所看到的"精确性和可靠性的时候，安全航行才会成为可能。否则，如果没有准确和可靠的传感器输入，船舶的航行安全就很容易处于危险之中。

如何保证合理正确地使用传感器数据，需要注意如下两点：

1. 正确设置

对传感器的使用，要根据需要进行合理的数据设置，如：

（1）显示信息的明确性。要明显地知道被显示的信息的相对内容并能够正确理解和判断，例如，速度和航向的矢量类型"对地"和"对水"的选择。

（2）显示信息的对比参照性。要尽可能地利用系统功能，获得显示信息的对比判断信息，例如，应始终利用辅助定位设备（罗兰 C、雷达、船位推算），对主定位系统进行定位精度监测，以确保定位信息的可靠性。

（3）获取信息的统一基准。为减少误差来源，应保证传感器的数据基准与 ECDIS 运算基准（如坐标系）一致。

（4）使用信息的同步性。应尽可能缩小 ECDIS 的显示运算刷新周期，使得在刷新时使用的数据尽量接近同一时刻。

2. 恰当识别

ECDIS 的显示或运算，是依据传感器数据进行的，因此，对 ECDIS 显示状态或运算结果（报警等）应能够进行恰当的理解和识别。

（1）正确判断是否安全。要达到从"看到的"得到正确的安全判断，需要恰当地确认数据来源的准确性，进而获得正确的结果。例如，若传感器输入的深度数据不准确，则依赖预设的"安全等深线"的显示与运算效果是"危险"的（运算结果与真实情况不符合，如可能的安全被显示为危险或真正的危险却被显示为安全）。

（2）正确认识显示状态。在特定的显示模式下，为简化或理想化显示效果，有些信息被隐含或被假设准确，因此，应该明确地知道当前所处的显示状态，能够通过其他方法进行真实情况的获取。例如，在基础显示模式下，很多海图信息被屏蔽（不显示），仅从看到的海图物标不能完全保证航行安全的识别。在航线自动跟踪控制模式下，观察到的位置总是显示在预先计划的航线轨迹上，要正确识别是否遵循计划航线航行，就需要通过偏航数据的显示来判断。

（3）合理选择利用数据。ECDIS 中，接入了诸多的外部数据，但不是数据越多，安全保障就越高。实际应用中，要根据情况选择利用适当的数据来帮助识别航行态势。例如，是否同时使用雷达图像、ARPA 目标、AIS 目标进行相互关系的运算，是否接入测深数据进行搁浅预警计算等，都需要船员根据情况加以控制。

第二节 ECDIS 数据显示

从本质上讲，ECDIS 数据来自 ENC 数据。但 ECDIS 是将 ENC 数据首先转换成 SENC 数据格式，同时通过适当方法改正 ENC，并且由航海人员注入其他航海信息，包括航线涉及使用的点、线和区域以及 ECDIS 图库中的任何符号和文本注记信息。SENC 供 ECDIS 显示存取以及完成其他航海功能。因此，ECDIS 直接读取和显示的数据库是 SENC。

一、符号机制

在 ECDIS 屏幕上，海图的显示是由 ECDIS 显示生产器根据控制参数和航海人员的某些特定选择（如安全等深线、一天中的不同时刻、传统的或新式的符号体系等）而进行相应的变化以适应不同条件的显示效果并迎合特定的显示环境，方便使用者更好地观察和辨别当前显示的航行情况。

表示库通过颜色和符号来实现 S-52 附录二的显示规范。主要包括如下内容：

（1）颜色编码方案表。用于白天、黄昏和夜晚显示的 ECDIS 颜色表。

（2）ECDIS 符号库。包括符号、线形、填充模板库和 IEC 航海符号。

（3）查询表。带有将 SENC 物标与适当的颜色和符号相关联并给出它们的 IMO 类别、标绘优先级、在雷达图像上的显示优先级与推荐显示组的检索表。

（4）条件符号化程序。一组条件符号化程序，在航海人员的选择（如安全等深线）或复杂符号（如光弧）情形下选取适当的符号。

（5）符号化指令。一组符号化命令代码，可由此集成机读的指令，其结果是形成符号化指令并经处理来对 S-57 物标进行符号化。

（6）航海人员的航海物标。包含航海人员要加到海图上但未在 S-57 中定义的物标，以与 S-57 海图物标相同的格式进行定义以便在 ECDIS 中处理。

在显示效果方面，电子海图与纸质海图一样，存在着相同的光线条件问题。不同的是，纸质海图在光线不良状况下不易识别，而电子海图在光线不良情况下反而会太明亮。

另外，电子海图上的符号和线边界显示，应该能够清楚地分辨以使航海者能够明确地区分出屏幕上显示的内容。为此，S-52 制定了电子海图的颜色规范，能够通过航海者的设置，自动调节显示的背景和各种物标符号与线边界的颜色，适应驾驶台的光线条件，得到合适的显示效果。

二、识图

谈到识图，主要包括两个方面的内容，一是海图的定义信息，如图名、比例尺、基准面、版本等海图的基本信息，二是如何识别海图上的各种符号。前者可以在 ECDIS 的海图图例中获得，后者则由于电子海图（矢量海图）的显示与纸质海图的处理机制不同，它的可查询性可以弱化图示识图，因为在需要时，能够很简单地用光标查询物标的信息。

（一）ECDIS 显示样例

下面给出某水域中，不同符号、线型设置下的 ECDIS 显示样例。图 1-3-1 中可以明显观察到二者的特点。有些物标的符号，没有差别，如灯塔、烟囱。有些物标的显示符号明显不同，如各种浮标和立标。对于线型而言，符号化显示时，边界线带有标识符号，如限制区、深水航道，而简单显示时，只使用实线或虚线。

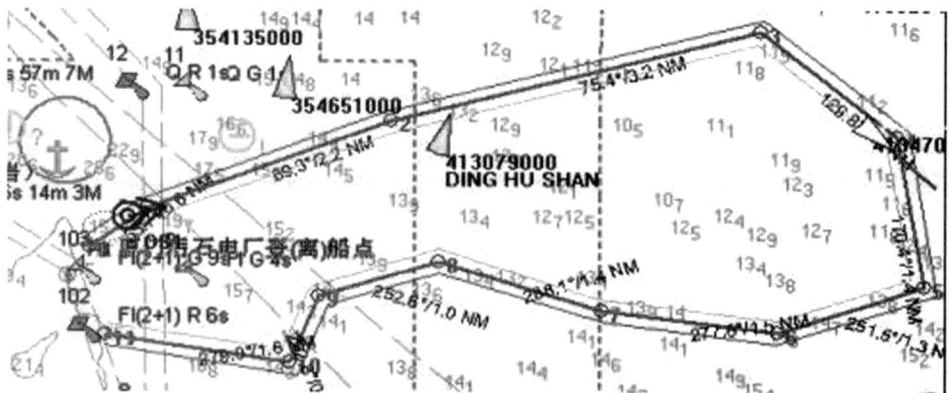

图 1-3-1　简单符号并简单线型

（二）ECDIS 海图样例

ECDIS 使用中，可以通过显示样例海图来进行电子海图显示符号，帮助识图。

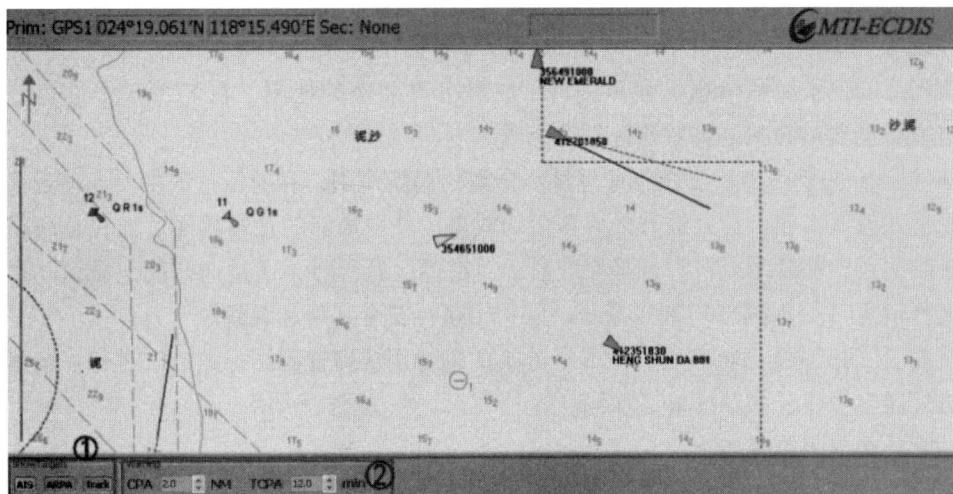

图 1-3-2　ECDIS 海图样例

三、ECDIS 显示

（一）显示优先级

ECDIS 处理的全部数据，包括海图信息、雷达信息和其他传感器的数据按照 S-52 进行了数据分层与显示优先级管理。在显示过程中，当发生信息空间重复时，要优先保证级别高的信息能够清晰、完全被显示，级别排列靠后的信息不能覆盖其前级信息。

S-52 规定，ECDIS 应将处理的数据至少分层 11 级（1 级内可以分为多层信息，1 层内可分为多种要素），分级信息如下：

（1）ECDIS 警告信息（如坐标系、深度基准面异常警告、显示比例大于或小于 ENC 原始比例尺的警告）。

（2）水道测量组织（HO）数据，点、线、面和自动航海通告。

（3）手工输入的航海通告和无线电航海警告。

（4）ENC 警告（海图上的警告和注意信息）

（5）HO 的颜色填充区域数据。

（6）HO 提供的，根据用户要求显示的数据。

（7）雷达信息。

（8）用户数据，点、线、面（用户在电子海图上做的标注）。

（9）ECIDS 制造商的数据。

（10）用户的颜色填充区域数据。

（11）ECDIS 制造商的填充区域数据。

（二）显示分类

由于电子屏幕尺寸的局限性、SENC 信息的多样性、电子海图显示比例尺放大与缩小显示控制等，使得显示在电子屏幕上的信息可能会出现杂乱无章而无法辨别的状况。因此，表示库对电子海图信息的显示进行了三种分类层次的控制，在 ECDIS 中称为分层显示，以方便船员对海图信息的筛选显示查看。

在 ECDIS 的使用中，应充分考虑显示分类的功能作用，在航行过程中，合理选择、控制显示模式及其内容，达到最佳的屏幕显示效果，获得最好的观察界面。如在公海航行时选择基础显示，在近岸航行时选择标准显示，在港区航行时，通过选择其他显示并挑选必要的航行信息（如水深点）加以显示，以利于航行安全判断和观察。

有些 ECDIS 系统会将某些其他显示分类的物标用快捷控制图标的方法进行控制是否显示，方便船员操作，如经纬线、水深。

信息分类显示内容如下。

1. 基础显示

基础显示（Display Base）是指不能从显示中去除的 SENC 信息层，是由那些无论何时、何地、何种情况下都要显示出来的信息所组成。但应注意，这种显示由于没有将所有相关安全的信息都显示出来，因此它不能保证满足安全航行的需要。主要包括：

（1）海岸线（高潮水位）；

（2）本船安全等深线，由航海人员选择；

（3）位于安全等深线确定的安全水域内深度小于安全等深线的水下孤立危险物；

（4）位于安全等深线确定的安全水域内的孤立危险物，如桥梁和架空电缆等，以及不论是否用于助航的浮标和立标等；

（5）各种分道通航制；

（6）比例尺、范围、方向（真北向上或航向向上）和显示方式（真运动或相对运动）；

（7）深度和高程单位。

2. 标准显示

标准显示（Standard Display）是指在基础显示的前提下，再增加一些对航行安全的物标。ECDIS 规定，在 ECDIS 首次启动时应缺省选择标准显示设置。该显示模式下，航线设计和航路监视的数据可以由船员根据需要调整显示或不显示，主要包括：

（1）基础显示的信息；

（2）干出线；

（3）固定和浮动的助航标志；

（4）航道和运河等的边界；

（5）视觉和雷达显著物标；

（6）禁航区和受限区域；

（7）海图比例尺边界；

（8）警告注记标志；

（9）船员物标标准类。

3. 其他信息

其他信息（ALL Other Information）是指根据航行监视需要，可以由船员控制显示或不显示的信息，主要包括：

（1）水深点；

（2）海底电缆和管线；

（3）孤立危险物的详细信息；

（4）助航标志的详细信息；

（5）警告标记的内容；

（6）ENC 版本日期；

（7）测量基准面；

（8）磁差；

（9）经纬线图网；

（10）地名；

（11）船员物标其他类。

（三）强调显示

表示库中对电子海图信息的显示，规定了根据某些设定值进行特殊显示的情况，即根据船员对某些安全参数或航行参数的选择设置，ECDIS 具有如下强调显示或航行辅助标记能力，以进行显著强调标示和引起船员的注意或加强航行辅助监视。

1. 水深点

根据船员选择的安全水深（米）SAFETY-DEPTH，高亮或粗体强调显示海图上小于本船安全水深值的水深点。

2. 等深线

根据船员选择的安全等深线 SAFETY-CONTOUR，高亮或粗体强调显示等于或临近本船安全等深线的海图等深线。

3. 双色水深区

以本船安全等深线为界，使用两种颜色显示海图的水深区域，使船员直观感知水域的"浅、深"，快速判定安全深度水域。

4. 四色水深区

以本船安全等深线、设置的浅水等深线（SHALLOW CONTOUR）和深水等深线（DEEP CONTOUR）为界，将水深区用四种颜色填充，使船员直观感知水域的"很浅、较浅、较深、更深"，方便对安全深度水域的判定。

5. 浅水区指示填充

为强调显示浅水区域，避免观察判断错误，例如显示的整个水域都小于安全等深线，且在夜间，由于水深区域的颜色深浅差别较小，不易判定当前水域是浅水或深水区域。ECDIS 提供了选择 SHALLOU PATTERN 对浅水区采用填充模式暗格进行加重显示，以明确标识出浅水区。

6. 比例船型

船员可以选择是否在适当大的比例尺下显示本船的比例船型符号。

7. 船位标记

船员可以设置航迹标记间隔，类似整点船位标记，在电子海图上显示。

8. 全长灯光扇区线

船员可以设置 FULL SECTORS 确定灯标的灯弧扇区边界是否显示为无限延长的线。

（四）显示模式

电子海图的数据性特点，提供了极其丰富的多样化显示，使船员在 ECDIS 的显示控制中，能够随心所欲地选择适当、合理、实用的显示方式，以满足不同条件、环境、要求下的显示观察需要。S-52 要求，在监视模式下，海图显示的基本原则是选择本船位置处最大比例尺的海图进行显示，或称为有大不用小。然而，实际应用中，这种原则可能影响船员的真实需要，因此，ECDIS 中采用了允许船员自己根据需要进行控制或选择的海图显示方法，主要包括：

1. 自动模式

我们知道，电子海图数据是在纸质海图或单元的基础上生成的，因此，在电子屏幕上的海图显示，就很自然地存在当前显示的图不能充满整个屏幕的情况。为此，ECDIS 在显示性能标准中要求，应提供自动显示控制机制，即 ECDIS 使用者可以根据自己的需要，选择自动或不自动海图和比例尺变换的显示控制，实现在显示比例尺变化时是否自动更换海图或在手动换图时是否改变显示比例尺。

（1）自动载入模式：若开启此模式，ECDIS 将根据搜图原则，在 SENC 中查找符号当前显示比例尺且能够覆盖当前位置电子屏幕的海图，并把覆盖屏幕中心的图作为显示的当前图，且自动用其他图的数据填充未被当前图填充的区域。如选择了非自动载入模式，则 ECDIS 将记忆当前图，无论后面的操作如何，都使用当前图显示而不管电子屏幕是否被当前图充满。

（2）自动比例尺模式：若选择了本模式，ECDIS 则在通过利用海图列表选择海图进行显示时，将依据被选择图的原始比例尺进行显示，否则，ECDIS 将根据当前显示的比例尺来显示被选择的海图。

2. 比例尺变换

不同于纸质海图，电子海图除在原始比例尺下显示外，还可以在不同级别比例尺下变换显示，实际操作中体现如下：

（1）放大：当前图中心不变，根据缩放比率放大显示，即海图范围变小。

（2）缩小：当前图中心不变，根据缩放比率缩小显示，即海图范围变大。

（3）预设比例尺级别：当前图中心不变，根据选择的常用比例尺级别，快速变换显示。

（4）拉框缩放：根据鼠标在屏幕上拖拽的矩形框，将其对应缩小或放大到充满屏幕，也称无级比例尺显示。

（5）船位海图：给出船位处的海图列表，快速改变到相应的比例尺海图显示。

对于放大和缩小，有些 ECDIS 系统会提供缩放比率，有些系统则缺省用 1 倍比率。不同类型的电子海图在比例尺变换时，存在不同的特点和效果，使用时需要注意。

（1）光栅海图：在放大或缩小时，会出现像素密度变化，从而导致图像模糊不清，难以识别。

（2）矢量海图：由于其空间的数值性和显示符号的规定性，在放大或缩小时，实现了空间的按比例扩大或压缩，不存在图像失真。

需要引起重视的是，当海图显示比例尺变化后，会引起人们视觉的测量误差，可能导致物体之间相对关系的判定错误，增加航行风险。

另外，为方便快速实现原始比例尺显示当前海图，性能标准要求 ECDIS 要提供"一键式"恢复到当前显示海图的原始比例尺的功能。

3. 运动模式

ECDIS 允许采取以本船相对海图的真运动（TM，True Motion）或相对运动（RM，Relative Motion）两种方式，通俗地讲，就是船动图不动或图动船不动。

在监视模式下，本船始终在屏幕内，一旦本船运动出屏幕，ECDIS 会自动将本船连带海图移动到屏幕内的适当位置（类似雷达显示的居中或偏心）。

4. 显示方向

性能标准指出，显示海图通常应为北向上，但其他的显示方向也是允许的。ECDIS 采取的显示方向包括以下内容。

（1）北向上（North Up）。以海图真北对准屏幕竖向向上为基准显示 SENC，是一种常规的习惯显示方法，有利于观察和比较实际的目标相对关系。

（2）航向向上（Course Up）。以本船运动方向对准屏幕竖向向上为基准显示 SENC，是一种类似雷达的显示方法，方便观察周围情况和比较目标相对关系。但由于航向的不稳定，容易导致图像频繁变化或抖动，影响显示效果。

（3）艏向上（Head Up）。以本船罗经北（船艏向）对准屏幕竖向向上为基准显示 SENC，显示特点同航向向上。

5. 辅助显示

为增强电子海图的显示能力和效果，ECDIS 提供诸多显示处理手段，帮助船员理解和判定当前的显示状态，更好地使用和利用 ECDIS。主要包括指北箭头、光标拾取、比例尺棒、经纬线、水深单位、比例尺索引、海图质量指示器、海图图例等。

（1）指北箭头。在表示库中规定了表示真北的符号，要求始终放在显示海图的左上角，且要确保其显示清晰，即使比例尺条占了显示的整个左侧高度。如果显示方式不是北向上，则要旋转指北箭头符号至真北。

（2）光标拾取。通过光标拾取获得一个物标符号隐含的附加信息的能力是 ECDIS 功能的一个重要部分，也称为光标查询。ECDIS 提供通过光标在屏幕符号（如海图物标、本船、移动目标、船员物标等）上点击来查询该符号代表物标的细节信息，如它附带的符合物标、属性。有些 ECDIS 制造商还可能提供通过光标显示某些特殊物标（如他船、航标等）与本船的方位、距离、CPA/TCPA 等相互关系。

（3）水深单位。性能标准规定，水深单位作为显示基础类，用符号 UNITMTR1 或 UNITFTH1 显示在左下角或适当的位置。

（4）比例尺棒和纬度比例尺。性能标准要求，要时时在海图区域的左侧距底边越3mm 画比例尺棒符号以标示当前比例尺下的相对长度。当显示比例尺大于 1∶80000 时，这个符号表示的长度为 1 海里。当显示比例尺为 1∶80000 或更小时，比例尺棒符号标示的长度代表 10 海里。

（5）海图比例尺索引。不同比例尺海图的邻接重叠区域，ECDIS 将显示出重叠两种比例尺图的图廓边线。同时，ECDIS 也可能提供是否显示海图图廓的选择控制，以便在需要时，如航线设计，查看某区域不同比例尺海图的存在情况，确定如何显示和利用。

（6）海图数据质量指示器。海图数据质量信息，通过两个元物标的属性来实现。对于测深数据，通过数据质量元物标的数据置信度区类属性（A1、A2、B、C、D、U 置信度区）来表达。其中 A1 置信度区表示，位置精度 5 米，深度精度 0.5+1%d（d 为水深），区域警告探测，所有显著海图地形探测过并深度测量过。A2 置信度区表示，位置精度 20米，深度精度 1.0+2%d；B 置信度区表示，位置精度 50 米，深度精度 1.0+2%d；C 置信度区表示，位置精度 500 米，深度精度 2.0+5%d；D 置信度区则比 C 更差，而 U 则为测深数据质量未评定。

（7）经纬线网格。经纬线网格属于所有其他信息类，因此航海人员应该能够显示或不显示经纬线网格，方便观察与判定船舶或其他物标的位置。

（8）显示状态。性能标准要求，在基础显示下，ECDIS 生产商应提供显示状态指示，包括：当前图、显示比例尺、显示模式、当前图类型。

（9）ECDIS 图例。一个标准图例要能够至少显示如下的信息（可以显示在当前图中，也可以在需要时单独显示）：

深度单位；高度单位；显示比例尺，用户选择的当前显示比例尺（缺省为原始比例尺）；数据质量指示器；测深/垂直基准面，如平均大潮低潮潮面；水平基准面，如全球地心坐标系；安全水深值，用户选定的当前值（默认是 30 米）；安全等深线，用户选定的当前值（默认是 30 米）；磁差，每一项必须显示磁差值、测量年份和年差，例如"4°15′W 1990（8′E）"；更新版本，采用的最后更新单元和更新文件日期和版本号；版本编号和日期，当前发行的 ENC 数据集中的最终版本编号和日期；海图投影，ECDIS 显示所用的投影变换方式。

6. 海图查询

从矢量电子海图数据模型中我们知道，矢量数据是由空间和特征属性组成的，因此，通过空间位置可以查询到该处的物标，再通过特征属性获得物标的描述信息，如某点位处灯塔的名称、高度，灯标颜色、信号组、闪频等。

ECDIS 中，利用鼠标在海图界面上点选来查询对应位置的物标，即当鼠标点击到海图界面上时，要将与该点位置相关的物标全部查找出来。这里的位置相关的物标是指以下方面。

（1）位置在该点处的点物标：如灯塔、沉船、本船、引航站等。

（2）通过该点的线物标：如等深线、海岸线、海底电缆、航路等。

（3）包含该点的区域物标：如等深区、禁航区、锚地、限制区、航道等。

（4）位置在该点的文字：信息符号、文本串等。

通常情况下，以查找到物标的点、线、区域、文字物标顺序，用树形结构显示各个物标，并能显示各个物标的属性细节信息。

7. 未来海图显示

我们知道，ECDIS 的标准规范（定义）是 20 世纪 90 年代形成的，因此，它具有时代的特点与局限。当时的计算机硬件性能、软件技术等，使得电子图形处理功能处于二维水平。进入 21 世纪，数字技术、计算机技术飞速发展，使人类进入了 3D 的历史新纪元。三维图像、三维水道显示等组合图形显示方式已经出现在很多港口、渔业的管理应用中。我们有理由想象，当我们熟练、习惯地在二维电子海图世界中畅游大海，自由安全驾舟航行时，我们也会希望能够像在计算机上玩耍 3D 游戏那样，让我们的船舶在 3 维景象中"真实"地扬帆。

可以预期，在不远的将来，能够满足 3D 模式的电子海图数据格式、显示规范（颜色、符号）等，必然会出现在我们的视野中。

第三节　其他航海信息的使用

马尼拉修正案开始确立的电子航海战略（e-Navigation），为将来的航海电子化提出了基本目标。而计算机技术、信息技术、网络通信技术的发展，已经为电子化提供了必要和充分条件。不难预见，电子航海资料（航路指南、港口指南、潮汐表等）已经走进我们的视野。

对于传统的印刷类航海信息，航海者已非常熟悉并在实际应用中能够运用自如。而对于电子化的信息，其利用方法除了继承原有的方法外，还具有传统手段无法比拟的方便和快捷。

一、信息查询方法

ECDIS 性能标准要求，ECDIS 设备生产商应该提供航行相关的信息查询与管理。这些电子信息的查询利用方法，集成了目前计算机信息处理技术的各种优点，主要体现为如下两种方法。

（一）属性查询

这是一种以传统的书目查询方法为基础，通过对若干主体名称、类别归属等的属性组合条件在信息库中进行查找，并以文本表格的方式筛选给出结果或将匹配的结构显示到当前视窗中的方法，是最普通和常用的信息查询利用手段。查询时，根据对要查询对象的识别程度，可根据查询条件的选择和查询内容的输入，会给出满足或接近匹配的查询结构。例如，要在港口中查询上海港，可通过选择港口名称来查询，即输入港口名称（上海或shanghai）进行港口名称查询。也可以通过选择利用归属国家来筛选查找，即输入国家（china 或中国）名称筛选出该国家的港口列表，然后通过名称排序浏览查找。

（二）空间查询

这是一种以已知地理位置在海图上进行信息查询的方法，其原理也很简单易于理解。例如，在印刷海图上，我们可以通过观察某地理位置，获得附近是否有某类物标实体。而对于电子海图和电子航海信息，就更容易实现通过查询点获得其附近某物标的详细信息。例如，在港口查询时，可以通过在显示的海图上，通过位置查询某水域附近存在的港口信息。

二、信息显示方法

人类对信息的表达发展到今天，主要体现为如下两种方式。

（一）文字显示

以文字的形式来表达信息是人类最基本也是最常用的方法，不管是语言描述信息还是具有量度的数字信息，都可以用常用的文字来显示，可以表现为文字串（潮位站的描述信息）、表格（潮汐数据）等形式。

（二）图形显示

这是一种对具有量值信息的特殊表示方法，通过设定显示基准或标尺，可以表现为曲线（潮汐曲线）、特定形状（地图中的点、线）、向量（海流、风）等形式。

三、航海相关信息

ECDIS 性能标准要求，ECDIS 设备生产商应该提供航行相关的信息查询与管理，包括：

（1）航路指南，提供世界航路指南信息。

（2）港口信息，提供类似港口指南的信息。

（3）潮汐信息，提供类似潮汐表的信息，并能够根据地理位置和时间进行推算潮位。

（4）气象信息，提供风向风力以及天气情况、气象图等。

（5）海流信息，提供流向、流速信息，能以表格显示，也能够以矢量方式在海图界面上显示。

（6）台风信息，可以输入台风信息，能够显示风力范围以及预计影响范围，并可根据本船航行参数进行遭遇预警。

第 四 章

电子海图的功能与应用

第一节　航线设计与航次计划

在航海实践中，航次计划（航线设计）是保证航行按计划、按任务高效率执行的基础条件。传统的航海实践中，是根据航次任务，参考航行环境，借助纸质海图和航海资料，进行本航次的航线和时间计划。

到了电子航海的今天，我们可以在电子海图界面上，简单方便地进行航次计划与航线设计。对于传统的航次计划流程和手段，在电子海图系统中，能够更快捷、更简单、更精确地实现。

ECDIS 中的航次计划，不同于传统的航次计划，主要是指其中的航线、时间和速度方面的内容。而传统的航次计划方法，则仍需要认真地进行，只是在确定了航次计划后，将可计算量值和可监控报警内容，放到 ECDIS 中。因此，ECDIS 最低性能标准给出了如下要求。

（1）应能够以简便而可靠的方式进行航线设计及航路监视。

（2）应能够进行包括直线和曲线航线段的航线计划和编辑。

（3）应能够通过卜列措施调整已设计的航线：

①向航线添加转向点（航路点）；

②从航线中删除转向点；

③改变转向点的位置；

④改变航线中转向点的次序。

一、航线设计

航线是航海过程的基本参考，在 ECDIS 中，航线的设计和相关运算极其方便快捷。航线设计资料除了可以利用 ENC 规定的基础显示、标准显示和其他显示三种信息外，还有前面提到的诸如航路指南、潮汐、气象等信息，可根据需要使用。抛开传统的航线设计方法，仅就在电子海图上设计一条从起点 A 到终点 B 的航线而言，其设计过程是非常简单的。只要在适当的航路范围内，确定（输入）了转向点，ECDIS 就会自动地将航线标绘在电子海图上，并自动计算出各航段距离和方向、总航程。而对于航线是否安全，除了可以进行类似的目测外，ECDIS 还能够根据最大比例尺海图对整个航线进行安全检查。同时，

ECDIS 强大的航行监控、航线跟踪和报警功能的实现，包括其中的很多参数（如转舵点、偏航报警距离）也是在航线设计过程中进行的。

（一）航线参数

航线参数是构成航线自身以及进行航线跟踪报警所使用的相关量值，其特点描述如下。

1. 航线基本参数

航线主要由转向点（WP）和航段（leg）组成。转向点是航线的基本内容，每相邻的航路点组成一个航段，航段可以是恒向线或大圆属性。此外，由转向点和航段自然形成的参数（航段方向、距离）也是航线的基本参数。

2. 航线监控报警参数

航线监控报警参数主要包括偏航报警距离（XTE）、偏向角度、转舵半径、最大航速等，用于航行过程中对转向点或航段监控报警或显示控制，它们可以全线相同，也可以每段各异。ECDIS 通常将这些参数定义为通用参数，可以在航线通用参数设置中进行设置，在航线设计时缺省地引用这些量值，若有必要也可以进行特殊修改。

（二）设计航线

ECDIS 中，可以设计新航线，也可以对已有航线进行修改，还可以利用已有的航线编辑修改成新的航线。可以利用鼠标在海图界面上方便地添加、修改、删除转向点，也可以利用航线表直接输入来添加或修改转向点进行航线设计。除航线基本参数外，其他的航线参数则一定要通过航线表进行输入修改。航线设计的过程与方法，通常包括确定航线所需的水域、选择设计新航线还是调入已有航线、利用鼠标在海图界面上直接点画和利用表格直接通过键盘输入航线参数进行航线编辑。

1. 变换海图

航线设计过程中，要根据设计进程的需要，适当调整海图显示的范围和内容，以方便观察。此时，要利用海图显示的控制功能，进行恰当的显示分类选择，以获得合适的显示效果。

如在大洋中的航线或全航线的整体观察，可选择基础显示，在近岸处可选择标准显示，在港口附近可采用其他显示。而在设计整体航线或观察航线整体时，要适当缩小海图以扩大海图范围，将整个航线显示到当前的窗口中。在航段的细节观察和修改时，要适当放大海图并配合更多的信息显示以增强判断。

2. 航线编辑

无论是建立新航线，还是对原有航线的修改，都可归结为对航线基本参数和航线监控报警参数的编辑。航线编辑完成，要以能够助记的方式进行命名保持。此处，将航线编辑细分为如下几点。

（1）设置通用参数：在航线设计之前，应对航线通用参数进行检查，确定是否符合航次要求，以避免在完成航线设计后由于不合适的参数引用而带来的修改麻烦。

（2）添加转向点：航线设计过程中可逐个添加转向点，也可在当前的转向点前或转向点后插入转向点。

（3）移动转向点：转向点的量值可以修改以进行错误纠正或更加准确的处理。一般可以在航线表中重新输入某一转向点的经纬度或利用鼠标或滚球直接拖动所选转向点。

（4）删除转向点：删除设计错误或不需要的转向点至新位置。

（5）修改航线参数：考虑到不同航段本身的差异（如转向幅度不同）和航行环境的差异（如可航水域的限制等），对航线的所有航段均采用相同的参数是不合适的，这就要求根据具体情况对有关航线参数进行相应的修改。

航线编辑可以采用图形编辑和表格编辑两种方式。前者是利用鼠标直接在海图界面上快捷地添加、删除、移动转向点，确定基本航线参数；后者则是通过类似传统的表格方式对航线进行全新或全面的编辑，可实现对转向点的相关操作以及其他航线参数的准确设定。两种编辑方式能够同时在显示屏上显示并能够互动，以方便编辑操作，即当用鼠标在海图界面上点选转向点时，表格也相应地滚动到该转向点所在的行，反之亦然。因此，在实际应用中，要充分利用图形编辑的快捷直观特点和表格编辑的详尽能力，完成好航线的编辑。

1）图形编辑

所谓图形编辑是指，利用鼠标在海图界面上直接对转向点进行编辑。图形编辑只能针对航线基本参数转向点进行，当设计完成时，该航线的状态是"通用"参数航线。该过程中，ECDIS的操作通常体现为以下几点。

（1）连续标画转向点：当设计新航线或当鼠标处于航线首尾点时，拖拽鼠标到适当位置点画可以实现连续添加转向点。

（2）移动转向点：当鼠标选中某转向点时，可以拖拽鼠标到新位置点画移动该转向点。

（3）插入转向点：当鼠标选中某转向点或某段时，可以在该点或该段处插入一个新转向点。

（4）删除转向点：当鼠标选中某转向点时，可以将该点删除。

2）表格编辑

表格编辑是对已有航线设计的最终完善，当然也可以仅通过表格编辑进行新航线设计。该过程是以表格的行为基点进行操作，其内容则覆盖所有航线参数。

（1）添加转向点：在当前行前或后（取决于ECDIS系统的设计）插入一个新转向点，等待输入。

（2）修改转向点：对当前行中的各参数进行输入修改。

（3）删除转向点：将当前行删除。

（4）航线其他参数修改：对航段（转向点）的各个参数，如航段的恒向线或大圆属性、偏航报警距离（可分别设置相对左舷和右舷两个量值，即能够进行左右两侧的偏航监控）、转舵半径等。

3. 航线连接

ECDIS 可以对现有的多条航线依次连接生产一条新的航线。如在中转港取消或者分段设计航线完毕的情况下，可以利用该功能快速编辑和连接生成符合航次需要的完整航线。

航海实践中，经常会遇到这样的情形，即以往的航行经历了从 A 到 B 和从 B 到 C 的两条航线设计，而现在的新航线恰好从 A 到 C 的需求。那么，很自然地就会产生了是否能够利用那已经完成的两段航行经历，构成现在的新航线的设计问题。

答案是肯定的，因为借鉴是人类所有实践的方法之一。假设在原有的两个航行中，存在两条航线，即航线 AB 和航线 BC，那么现在，只要将这两条航线顺次连接起来，并在 B 点附近进行适当的修改，满足新航行需要的航线 AC 就会很快地设计完成了。

这种连接，理论上讲，可以无限制地进行。同时，由于 ECDIS 中的航线自动计算能力，与传统的航线连接实现对比（传统的方法，是比照原有的设计，在新海图上重新进行标画和从头至尾的重新计算，而现在的电子方法，只进行极其少量的修改，而所有的计算虽就是重新进行，但却是几乎不费时间），其能够节省的人力资源和物资资源，是无法进行比拟的。

4. 反向航线

当需要沿已有的航线反向航行时，ECDIS 只需将原航线进行反转即可将原目的地改为出发点、将原出发点改为目的地。反向航线是航海实践中最常用的一种应用，即针对从 A 到 B 航线设计，将其顺序颠倒而成为一条从 B 到 A 的新设计航线。这种简单的转向点的顺序颠倒，尚不足以成为事实的反向航线，必须根据航行规则和航线安全的考虑，对其中的某些航段进行适当的修改。这些修改可能包括以下几点：

（1）分道通航的航段修改：如在分道通航水域或双向航道外，要将"正向"航道内的航线航段，修改到另一侧的"反向"航道内。

（2）危险物绕行的航段修改：对某些航线附近的危险物，可能存在总是"左"或"右"侧绕行的航法要求。

（3）报警参数的修改：如航段的偏航报警距离、转向点处的转舵半径等。

总之，在航线设计过程中，应根据需要适当调整海图显示的范围和内容，以便观察。例如在查看航线整体情况时，要适当缩小显示比例尺以扩大海图范围，将整个航线显示到当前的窗口中；在航段的细节观察和修改时，要适当放大海图并配合更多的信息显示以增强判断。

（三）航线检查

传统的航线设计，是通过人工对水深、离岸距离、离障碍物距离等方面进行核查，判断是否存在航行危险，并通过航海资料进行对航线对近岸或港口附近的限航情况确定。ECDIS 的航线检查，根据 ECDIS 规定的报警条件（如海图中的特殊区域、无 ENC 海图）和预先设置的报警参数进行。报警参数主要包括以下内容。

（1）安全水深：用于判断搁浅危险。

（2）安全等深线：用于判断进入或穿越小于安全等深线的水域。

（3）安全距离：用于判断碰撞危险。

（4）安全高度：用于判断通过桥梁或架空电缆安全。

在航线检查中，ECDIS 可以利用 SENC 中可用的最大比例尺海图数据对航线自动进行检测，判断航线是否存在下列危险情形：

（1）航线穿越了非官方海图。系统在某航段处没有标准的 ENC 海图数据（此处的航行不能参照电子海图）。

（2）穿越安全等深线。航线中的航段跨越了安全等深线，提醒检查确认。

（3）穿越禁航区。航线中的航段进入了限制航行区域，给出报警信息。

（4）穿越浅水区。航线中的航段进入了小于设置的安全等深线水域，提醒检查确认。

（5）临近危险物。航线附近的沉船、障碍物、浮标等小于设置的安全距离，提醒检查确认。

（四）航线管理

ECDIS 中针对航线主要有如下管理功能：

（1）创建新航线。根据当前的通用航线参数，准备进行新的航线编辑。

（2）航线查询与修改。在海图界面上显示航线图形并在参数表格中列出航线参数设定值，以供查阅与编辑。

（3）航线删除。过期的航线，作废的航线，应该及时删除，避免占用系统空间和影响工作效率。

（4）航线导出。ECDIS 提供将航线输出到外部设备/文件的功能。

（5）航线导入。ECDIS 能够将一定格式的航线数据导入到航线数据库中。

二、航次计划

ECDIS 中的航次计划，是指针对某航次的航线所完成的具有量值的时间计划，一般体现为在每个转向点处的航次参数。目前的 ECDIS 中，已经将其集成到了航线设计中一起进行。ECDIS 中的航次计划可以分为航次参数、计划编制和计划管理。

（一）航次参数

ECDIS 中航次计划参数主要是指能够计算的航次内容，主要包括每个转向点及其航段的开航时间、停留时间、航速和预计到抵达时间，各参数含义如下：

预计开航时间（ETD）。一般只应用在航线的第一个转向点上，精确到分钟。

停留时间间隔（STAY）。在转向点处预计停滞的时间段，一般用分钟计算。

预计抵达时间（ETA）。到达转向点的预计时刻。

航行速度（SPEED）。一般表示当前转向点前的航段设置的预计航线速度。

这四个参数对每个转向点（航段）具有逻辑条件排斥性，如当某转向点具有了开航时间且下一个点也赋予了预抵时间，则这个航段的速度就是已知的，不能再进行设置。

（二）计划编制

航次计划的编制，就是对航次参数的设定与综合计算的过程，主要分为创建计划和修改已有计划两种情形。航次计划制订结束，需要保持，以便在进行航行监控时使用。ECDIS 可能提供两种模式进行计划编制，即自动模式和手动模式。

1. 自动计划编制

当航线设计完成确认时，即根据本船的平均航速为参数，不计在转向点上的停留时间，自动地计算得出该航线的时间计划。此时，第一点的时间为 0：00，最后一点的时间就是整个航线使用平均航速的所需航行时间。也就是说，只要确定开航时间以及其根据实际航行需求修改其他相关的参数，就能够获得一个完整的航次计划。只要修改了某转向点上的某个航次参数，系统就重新计算全航线的各参数量值，极大地方便了航次计划的审核与修改。

2. 手动计划编制

这是一种半自动化的计划编制方法，船员可根据需要，按照逻辑关系，在适当的转向点上输入设置航行参数，系统计算整条航线的计划结构，得到完整的航次计划。对于传统航次计划中的其他内容，如人员与燃油配备、航行注意事项等，ECDIS 会提供文本空间供输入处理。

3. 计划管理

ECDIS 中针对航次计划主要有如下管理功能：

（1）创建新计划。针对选择的某航线，进行新的航次计划编辑。

（2）计划查询与修改。打开已有的计划，查看并可以进行编辑。

（3）计划删除。过期的计划、作废的计划，应该及时删除，避免占用系统空间和影响工作效率。

（4）计划打印。ECDIS 提供航次计划打印功能，它类似传统的报给船长的航次计划报给。

第二节　航行监控

航行监控，主要是针对本船的位置和航行未来趋势与航行依据的航线、海图物标、其他目标等的相互关系进行实时动态显示与监视报警。在监控中，需要利用 ECDIS 提供的多种功能进行辅助以安全完成监控任务。

一、航海测量

航海测量是航海实践中最基本的测算手段，在传统的条件下，航海者一般都是通过在纸质海图上用分规和直尺进行标绘或测算。而现在，在电子海图界面上，传统的测算、标绘，可以利用鼠标在图上点选，通过输入位置坐标，甚至可以通过设置自动地进行。ECDIS 可能会提供很多的航海测量工具，但最基本常用的是点位、方位距离、距离圈和船位标记。

（一）点位测量

查看地理位置是最基本的航海测量要求，即航海者经常需要查看某点的坐标。在电子海图上，这个功能特别简易，一般会随着鼠标的位置（cursor marker）移动，动态地给出鼠标所处点的坐标。

（二）方位距离

方位距离测量，两点之间的方位与距离测量，是最常用的航海测量。在电子海图上，一般会通过鼠标点选两个点位（A 到 B），自动计算出两点的距离，正方位和反方位。也可以通过输入两点的坐标来计算。通常有如下两种处理方法。

（1）本船方位距离：本船到某地理位置点的方位距离，一般会从本船到该点画一条连线并显示方位、距离的数值。

（2）任意两点方位距离。从 A 点到 B 点的方位距离，一般以第一点位基准点，连线到第二点，并给出二者的方位、距离值。

（三）距离圈

ECDIS 也提供类似雷达的距离圈（VRM）功能，它以本船为中心，通过鼠标拖拽控制改变距离圈半径，与雷达不同的是，ECDIS 中的距离圈中心，可以拖动到任意点上，因此，有时也可以用作方位距离的测量。

（四）船位标记

在海图上标记船位，是航海者的常规工作。传统的方法是在标记时刻（如整点标记、定时间隔标记），通过定位仪器或定位手段获得船位，在航海图上在该位置处标绘出船位标记符号和时间文本串。

电子海图上，这个工作已经不再由人工进行了。由于 ECDIS 能够自动获得即时船位，同时，它还具有时钟功能，只要设置了船位标记的时间间隔，就能够自动地在每个间隔时间点，由 ECDIS 自动在电子海图上画出船位标记了。而在航海者有特定需要进行船位标记的时候，ECDIS 也提供这种船员特记功能。

二、监控参数设定

在航线过程中，ECDIS 根据船员的报警参数设置、选择的监视航线等，进行规定的报警计算和提示，需要设置的监控内容主要包括安全参数和报警参数两种。

（一）安全参数

本船的安全参数，除在前面介绍过的可控制海图显示样式、对航线进行安全检测外，还最终用在航行监控的安全计算与报警提示中。安全参数主要包括以下内容。

（1）定位设备配置。主定位设备、辅定位设备的连接，如选择连接主 GPS 或辅 GPS 或采用 DR。

（2）安全水深。Safety depth，ECDIS 缺省为 30 米。

（3）安全等深线。Safety contour，ECDIS 缺省为 30 米。

（4）安全距离。用于判断碰撞危险。

（5）安全高度。用于判断通过桥梁或架空电缆安全。

（6）安全警戒矢量。用于判断穿越安全等深线提前预警。

（7）警戒圈。是否以本船为中心显示以安全距离为半径的圆。

其中，安全等深线是 ECDIS 引入的概念，它为防止船舶搁浅提供了极大保障。

（二）报警参数

处海图显示相关的报警信息是自动进行判断以外，ECDIS 的报警提示是通过船员对报警参数值的设置以及报警开关的打开或关闭进行运算判断实现报警的。这些报警参数的设置可能分布在航线设计、本船参数、系统参数、航行监控各个功能中，有些报警的条件与报警参数需要分布设置，如偏航报警距离在航线设计时设置，而报警要在报警参数的偏航报警开关是否打开设置。报警参数主要包括以下内容。

（1）开关报警。通过控制打开或关闭决定是否进行报警，如声音、偏航（XTE）。

（2）量值报警。通过设置报警比较限制量来决定是否进行报警运算，一般以"0"值表示不报警，以非"0"值表示报警极限量。如 CPA/TCPA、搁浅、穿越限制区、转向点提前报警、碰撞、闹钟、穿越安全等深线、航次按时、走锚、超速。

（3）自动报警。设备故障、海图有效性。

三、航行状态与船位修正

（一）本船状态

ECDIS 的优势之一，就是在航行监控中"实时"显示来自传感器的信息，当然，这个"实时"是有条件的，它与系统的刷新周期、传感器数据的刷新和发送周期有关。ECDIS 将这些信息与电子海图信息融合在一起，通过显示控制，实时给出本船的航行状态信息，使得船员能够一目了然地快速观察判断船舶是否正常在预计的航路中航行且是否存在航行危险。需要注意的是，ECDIS 显示的航行状态信息来自 ECDIS 的主定位设备，所有的航行运算也是基于该主定位设备，而辅定位设备指示显示轨迹以提供主辅二者的比较。

航行状态信息可以从海图界面上直接看到符号表达，也可以从附加的窗口中显示出具体的量值，主要包括以下内容。

（1）船位，以船舶符号或具体的经纬度坐标显示。

（2）定位时间，具体的定位时间就是当前时间。

（3）轨迹，一般只有在海图界面上显示的带有时间标志的本船主航迹和辅助航迹。

（4）航向，在船舶符号处以矢量线方向或以具体的方位值显示航行方向。

（5）艏向，在船舶符号处以矢量线方向或以具体的方位值显示罗经北。

（6）航速，在船舶符号处以矢量长度或具体的速度量值显示，一般可以控制是对地还是对水。

（二）本船显示

传统的纸质海图上，通过一个圆点和时间来标绘本船的位置。而在电子海图上，可以实时地把本船的航行状态用图形样式在其位置处显示出来。根据 S-52 的规定，本船的显示符号可以由船员控制或显示基本符号样式，或显示出比例船型样式。而在当前海图显示比例尺下换算所得的本船显示长度小于 6 毫米时，一定要使用基本符号。本船显示的主要特点如下：

（1）基本符号。以本船船位为中心的黑色双圆圈（在符号库中有定义），并带有船舶横向线来表示船舶的型体横向。

（2）比例船型。根据船舶的长度和宽度，按显示比例尺进行屏幕尺度的换算，依据船舶形状构筑对称的船型符号进行显示。显示的基点是根据本船的定位设备位置设定，换算得到本船的船中点位船型的图形中点。值得注意的是，是否能够准确地换算出图形中心，需要在使用 ECDIS 时，能够进行正确的定位并在本船的定位设备上准确设定位置。比例船型在近岸、狭水道或靠泊航行时具有明显的直观优势，它能够准确地显示船舶外部边缘与周围水域环境的关系，有助于直接进行操船判断和决策。

（3）航向矢量线。根据选择的矢量长度，一般从 6 分钟到 30 分钟，根据航速换算得到矢量长度，从船舶符号中心开始，以航行方向为基准，画出带有箭头的矢量线。

（4）艏向矢量线。画法同航向线，但以罗经北为基准方向。

（5）历史轨迹。可以控制显示时间段和轨迹点之间的时间间隔，在本船当前位置后显示设定时间段内的本船历史航迹。

（三）目标叠加

ECDIS 可以将雷达图像、雷达跟踪目标和 AIS 目标叠加显示在电子海图界面中，可直观地显示本船周围的航行局面，便于态势判断和操船决策。目标的显示与本船的显示类似，只是符号不同。

1. 雷达图像、雷达跟踪目标

雷达跟踪目标一般采用圆点或圆圈表示，带有的横向短线表示目标的形体横向。

雷达图像、雷达跟踪目标在电子海图上的叠加显示，能够帮助船员直观对电子海图与雷达图像的匹配判断。但在具体应用中需要注意如下问题：

（1）由于设备的参考点不同或主定位系统误差可能造成图像与海图物标不完全重合。

（2）由于本系统和雷达的扫描周期不同造成目标相对位置位移、本船航行矢量线不重合。

2. AIS 目标

AIS 目标在 ECDIS 上一般采用等腰三角形显示，尖头方向表示目标的型体纵向。

AIS 接收到的他船数据可以在电子海图上叠加显示，并可基于这些数据，解算出避碰所需要的信息，帮助船员进行操船决策。在具体应用中需要注意如下问题：

（1）由于本系统扫描周期和 AIS 信号发送周期不同可能造成 AIS 目标与雷达跟踪目标不完全重合。

（2）由于他船定位系统有误差，导致显示的位置数据存在偏差。

此外，ECDIS 还提供 AIS 消息接收和发送功能，他船发来的 AIS 消息可显示在电子海图上，在电子海图上可直接回复，可单发或群发。

（四）船位调整

当定位系统或海图数据存在误差时，可以通过平移（Offset）本船（包括目标）在海图上的显示位置来调整目标在海图上的正确匹配（假设海图位置准确），从而获得正确的本船、目标与海图的相对关系，使航行显示、监控、运算在比较小的误差基点上进行。船位调整功能通常可以借助以下方法进行，但在具体应用时，要确保选择的方法导致的误差最小。

（1）利用雷达（ARPA）跟踪目标。假定 ARPA 目标相对海图某位置的关系明显可见，则可以通过移动该目标到该海图点位的方法来进行本船船位调整。例如，某雷达目标实际停泊在某码头的顶点边缘处，而现在的显示却在该码头的中央。根据雷达目标与本船的相对关系原理，说明本船位置有误差。忽略定位设备（GPS）位置与雷达中心的误差，如果将该雷达目标移动到海图的顶点边缘处，则本船的位置也就相对正确了。

（2）利用鼠标移动本船。如果已知本船所处的实际海图位置，则可通过鼠标将本船拖拽到该位置进行调整。

（3）输入本船偏移量。如已知本船定位设备的定位与真实位置的误差，则可以通过直接输入经纬度的偏移量进行调整。

（4）取消调整。ECDIS 在进行了船位调整后，会通过某种标记显著表示已经进行了船位调整的警示。因此，在不需要船位调整时应该及时取消已进行的船位调整。

四、监控航线与航行预测

在航行监控过程中，主要针对本船的位置和航行未来趋势与航行依据的航线、海图物标、其他移动目标等的相互关系的实时动态显示与监视报警。

（一）航线监控

航线监控是 ECDIS 航线监控的主要内容，主要体现在监控航线的选择、备用航线的考虑和为获得良好的视觉效果而对被监控航线的显示控制。

1. 选择监控航线

在 ECDIS 中，设计的航线和监视的航线在概念上是不同的。前者的含义是在传统的航线设计阶段，在海图上进行绘制航线、计算和计划确认，而后者则是根据当前的航行，在已经设计好的航线上进行航行状态的比对、航行情况的标记。因此，在设计好航线后，通常应将其退出显示状态，避免海图界面上不必要的信息充斥。在航次开始时，再载入所设计的计划航线作为监控航线。

2. 选择备用航线

ECDIS 性能标准还要求，应该准备一条备用航线用于航行过程的观察补充和紧急情况下的航行监控调整使用。

3. 监控航线的显示

被监控的航线通常被特殊显示，以明显区别于海图上的其他物标和航线。

（1）颜色：一般以红色为基本色调。

（2）线型：通常采用比设计航线粗一倍的实线或点划线。

（3）转向点：从第一转向点（一般记为 0 或 1）开始递增的顺序标号，一般采用加粗的红色单圆圈表示，其中下一个转向点采用加粗的红色双圆圈表示。

4. 监控航线状态显示

通常情况下，为避免海图界面上的信息混乱，应尽可能对显示的信息进行筛选。因此，在航线的初始监视时，只显示了基本信息。为直观、准确地监控航线，船员可以控制显示与监控航线有关的状态和信息，主要包括（不同的 ECDIS 开发商可能提供的内容不同）：

（1）转向点编号/名称。显示每个转向点的编号或名称。

（2）转舵线（弧）。航线设计时，设置的每个转向点处的转舵点（半径），根据需要显示各转向点处施舵点及根据旋回半径所画的旋回路径。

（3）累计航程。每个转向点距离第一点的累计航程。

（4）航段属性。每段航程与计划航向。

（5）计划属性。转向点预抵时间、计划速度等。

（6）偏航带。在航线左右两侧，以偏航距离为宽度标绘出特定颜色或填充样式的带状区域。

（二）航线状态与航行预测监控

航行监控中，除直观地观察海图界面进行监视外，可以通过观察海图界面或者查询功能来了解航行状态和航行趋势预测。为实现给海图以最大显示面积，很多系统将各种显示或功能窗口隐藏，而在需要时进行调用。

1. 航线状态查询

以列表形式，实时显示监控航线的状态信息，如当前转向点信息（编号、应驶计划航向等）、下一转向点信息（编号、航向、计划速度、预抵时间、航段距离等）、选择转向点信息（编号、预抵时间、航程等）。

2. 转向点预抵时间推算

若以设定航速航行，预计何时抵达某地，可选择转向点，输入预计航速（可以是当前时际航速，也可以是前一段时间的平均航速或航线设计阶段设定的计划航速），ECDIS 即可算出沿监视航线航行到该转向点的预计到达时间。

3. 转向点航速推算

若已知抵达某地的时间，预计本船应采用多大航速时，可选择转向点，然后输入预计到达时间，ECDIS 即可算出沿监视航线航行到该转向点应采用的航速。

4. 任意点推算

上面两个问题，可以扩展为对某任意点位的推算。ECDIS 可以根据输入的点位，并将其自动"投影"到被监视航线的某个"转向点"（截位点），从而获得任意点的航线预测。

五、报警与提示

ECDIS 被看成具有保障航行安全的强大功能，是因为除了它能够提供直观的航行状态显示以供航海者判断外，还因为它能够针对航行安全的要素进行运算和报警。报警提示的方式是文字信息和可能的报警点符号闪烁并可以伴有语音提示或声音警示。

STCW 马尼拉修正案中，对船员 ECDIS 培训中有关航线监控报警处理方面，要求针对如下内容，"具备正确理解并恰当响应操作各种系统信息，包括启动声光报警信号系统的知识和能力，这些系统信息包括航行传感器、指示器、数据和海图报警和指示器报警。"

主要包括：ECDIS 数据库中下一张海图缺失；穿越安全等深线；超过计划航迹带边界；偏离预定航线；接近转向点；接近临界点；抵达转向点计算时间和实际时间的差异；比例尺过小或过大的信息；接近孤立航行危险物或危险区；穿越特定区域；选择不同大地基准面；接近他船；值班结束；开关定时器；系统测试故障；ECDIS "电子海图显示和信息系统"使用的定位系统故障；推算船位故障；无法使用导航系统定位。

对这些系统信息的正确理解和恰当处理，很大部分都是通过对 ECDIS 在航行监控过程中的报警提示进行适当操作来完成。

除海图显示相关的报警和设备故障相关的报警是自动进行判断的以外，ECDIS 的航行相关报警提示是通过船员对报警参数值的设置以及报警开关的打开或关闭实现报警判断条件的。这些报警参数的设置可能分布在航线设计、本船安全参数、系统参数、目标监视、航行监控各个功能中。具体的报警提示内容从性质特点上来区分，主要包括物种类型，即声光报警、海图报警、设备报警、航行预警和航行报警。

（一）声光报警

声光报警在 ECDIS 中不具备实质性的内容，它只是一种表达有报警提示信息情况发送的辅助提示方法，即从听觉、视觉给人以告知为目的。例如，在夜间值班过程中，值班人员可能会在短暂的时间内，将视野离开 ECDIS 显示屏，如果这个时候有危险发送并启用了声光报警信号，则值班人员就可以被声音和闪光告知有情况发送，进而去观察 ECDIS 显示或直接进行驾驶台瞭望。

当声光报警具有语音提示功能时，将是一种良好的报警告知，这种智能的方法，会提高 ECDIS 系统在使用中的安全保障性能。

（二）海图报警

ECDIS 关于海图的报警，是由 S-52 标准规定的自动求算报警功能，属于对航行安全的一种保护性警示或提示。ECDIS 中，一般会在明显的位置，给出当前显示海图的性质（ENC、VEC 或 RNC），在报警或警示情况下为红色，而文本报警内容通常包括以下内容。

1. 比例尺超大

当前海图显示的比例尺大于海图的原始编辑比例尺。此情形下，图形中显示的空间尺度在海图原始空间尺度基础上进行了一定程度的放大，在视野内的空间判断会发生失误，故而带来安全风险。

2. 比例尺超小

当前海图显示的比例尺小于海图的原始编辑比例尺。此情形下，图形中显示的空间尺度在海图原始空间尺度基础上进行了一定程度的缩小，在视野内的空间判断也会发生失误，带来安全风险。

3. 非官方海图

当前显示的海图为非官方来源。海图是航行安全的基本保障，如果海图数据存在不准确的问题，则一切依赖海图进行的航行都必然会存在危险。

4. 无海图数据

当前显示区域中有无海图数据的区域。在没有海图数据的区域，ECDIS 针对海图数据进行的一切航行监控都将无法实现，此时，就不能依赖 ECDIS 进行航行监视，而要借助瞭望或其他手段。

5. 无矢量海图

当前显示的区域中存在光栅海图。由于光栅海图不具备运算能力，因此在这种情形下，虽然能够进行视觉的海图监视，但在安全方面与无海图数据的状态类似。

（三）设备报警

前面提到，如果 ECDIS 没有外部传感器数据，它将只想当于一幅纸质海图。因此，其连接的外部传感器状态对其航行监控功能的实现是十分重要的。通常情况下，ECDIS 会在显著的位置给出其连接的主定位设备信息（如 GPS、DR），在报警或提示情况下为黄色，当出现报警文本时，会弹出信息内容，一般包括以下内容。

（1）连接故障。设置了连接，但未检测到连接的设备。

（2）运行故障。连接的设备无信号或其他故障。

（3）数据错误。传递的数据无法正确解析。

（四）航行预警

预警，就是在没有发生具体的情况前，给出一种可能要发生某情况的警报。

在航海实践中，预警被认为是极为重要的安全保障功能，如果能够防患于未然，就是最大的成功。ECDIS 的"前瞻"（Look ahead）性，就是根据本船当前航行的状态，结合电子海图数据进行未来趋势的预测，从而防止可能出现的危险局面。ECDIS 能够进行的预警主要包括以下内容。

1. CPA 预警

在设置了最小会遇距离 CPA 和最小会遇时间 TPCA 临界值后，ECDIS 将根据本船与所有其他各目标船的航线状态，逐个与本船进行会遇局面计算。当有达到会遇紧迫局面发生，即 CPA 距离和 TCPA 同时进入设定的临界值范围内时，就会给出预警信息。

2. 搁浅预警

当本船在设定时间内接近浅水点或即将穿越安全等深线时，ECDIS 给出搁浅预警提示。

3. 限制区域预警

ECDIS 性能要求，对电子海图标示的特定区域或危险区域，应该提供在船舶即将进入该类区域前进行报警的功能。该功能的实现，需要预先设置提前报警的时间，如 6 分钟，则 ECDIS 将根据船舶的航速和航向，判断其实否有进入某限制区域的趋势并在存在可能时给出预警信息，并在可能的进入点处会闪烁显示符号以给出视觉参考位置。

4. 碰撞预警

对于海图上的危险物，如沉船、障碍物、水上标志（浮筒、浮标等），通过设置安全距离，ECDIS 将根据本船的航速和航向，通过判断与本船周围危险物的距离是否小于安全距离，并判断本船的航行趋势是否朝向该危险物。若存在碰撞趋势，给出预警信息，并在危险物处会闪烁显示符号以给出视觉参考位置。

5. 转向点提醒

航行过程中，遵循航线航行至关重要。而准确地执行转向点计划，又是实现这一目的的重中之重。比如何时应该转舵，以多大角度转舵等，都是在转向点处要恰当实施的操作。怎样才能及时地进行这些操作，特别在晚上的时候，如何才能准确判断转舵点，这在传统的航海实践中是比较困难的选择。而在 ECDIS 中，本船船位、航向航速、航线及其转向点、转舵点（半径）等都是已知的，如果我们按照 ECDIS 的显示轨迹，进行实际的操船，就能够完全实现这个目的。实践中，只要我们在适当的时候知道快接近下一个转向点了，我们就有实间和能力准备转向操纵，以顺利准确地进入下一航段。因此，在 ECDIS 中设置到达下一转向点的提前报警时间，就可以根据本船的航向航速进行计算而实现提前报警提醒了。

（五）航行报警

1. 船位丢失

这种情形是指在航行监控时，由于使用了海图浏览模式或其他操作引起的本船船位离开了当前显示的海图范围（即显示器屏幕内），此时，ECDIS 会显示船位丢失的报警提示，可以通过确认该报警信息或操作船舶监控（本船居中）模式，即可将本船符号显示到监控屏幕内。

2. 偏航报警

偏航报警是指当船舶的中心点偏离计划航线的距离大于预设的距离限定值时的报警。一般情况下，偏航报警是自动进行的，但有些 ECDIS 开发商会提供开关功能来决定是否船舶航行轨迹偏离计划航线的距离超过航线设计时设置的偏离限度时，给出报警提示。也就是说，由船员决定，是否由 ECDIS 在发生偏航情况时显示报警提示信息（注意，偏航报警的距离限定值是在航线中针对每个航段分别设置的）。

3. 偏向报警

这里的偏向是指船舶航行的方向与当前航段方向线之间的夹角，而产生报警的条件是指这个偏向夹角超过了设定的报警参数偏向角度值。偏向报警属于量值报警类型，当偏向报警角度值不等 0 时即开启了偏向报警功能。需要注意的是，偏向不等于偏航，它只是提示当前的航向与航段方向不同，有航行偏差的可能，有可能现在的情况是船舶正在恢复到计划航线上的过程中。

4. 航行超时

航次计划的正常执行除要遵循航线航行外，就是要按照计划时间航行。考核是否按时间计划航行的基本方法就是看船舶是否能够按照预定时间抵达相应的转向点。航次计划制定时，已经设定了时间计划，即本次航行的每个转向点预抵时间都被事先设定，因此，ECDIS 能够根据当前船舶的航速沿航线计算是否能够按计划抵达下一个转向点。如果不能按时抵达，就构成了超时航行。航行超时属于量值报警类型，其实现是通过设置超时限定间隔（如 10 分钟）开启航行超时报警功能。

5. 距离报警

航海实践中，经常会有要监视本船距某地理位置点的距离并在达到某预设的量值时能够给出提醒告知的要求。例如，在从上海驶向大连的过程中，要在本船距离成山头灯塔 5 海里时给出提示。在传统的航海实践中，该要求的实现方法是要告诉值班人员这个要求，而值班人员要经常根据当前船位到纸质海图上测量，或通过其他方法进行测量，从而完成这个任务。在 ECDIS 上，这个要求很容易实现，即通过选择要监测的某地理位置点，设置输入提前报警提示的距离定值，启动距离报警功能，ECDIS 就会实时进行计算并在本船与该地理位置之间的距离满足预设值时，自动给出报警提示。ECDIS 中可用设置 2 个目标的距离报警。

6. 方位报警

方位报警与距离报警类似，在航海实践中，还经常会有要求监视本船与某地理位置点的方位并在达到某预设的量值时能够给出提醒告知的要求。例如，在从上海驶向大连的过程中，要在本船与成山头灯塔构成 60 度方位角时给出提示。与上例相同，在 ECDIS 上，可以通过选择要监测的某地理位置点，设置输入提前报警提示的方位角限定值，启动方位报警功能，ECDIS 就会实时进行计算并在本船与该地理位置点之间的方位角满足预设值时，自动给出报警提示。ECDIS 中可以设置 2 个目标的方位报警。

7. 超速报警

航海实践中，对某些特殊的水域航行，会存在一定的限制，如航速不能超过某量值。传统航海中，要根据航次计划中的特殊航行提示，通过实际观测船位和所在水域，并通过海图查看是否进入了限速区域来进行实际的操船控制。在 ECDIS 中，可以通过超速报警来监控本船的航行情况，实现对航速的及时控制。其工作原理是，根据航次计划制定时对每个航段规定的航速，针对本船当前航速去比对，当发生超速是给出超速限制相关的报警提示信息。这是一种针对航行计划的报警功能，一般属于开关控制报警项。

8. 走锚监控

传统的船舶停泊时的走锚监视，主要是通过人工视觉观察来进行。而在 ECDIS 中，通过简单的确定锚位和走锚监视半径，就可以实现走锚监视报警功能。如果我们把由走锚半径确定的圆圈称为监视圈，则 ECDIS 的工作原理归结为，实时计算本船船位是否在监视圈内，当本船漂移出监视圈（船位在监视圈外）时，即说明船舶发生了走锚，产生走锚报警信息。实际应用中，可以利用该功能作为启航提示。

9. 定时提醒

这是一个常用的功能，就像我们平时的闹钟报时一样。ECDIS 可能提供两种定时提醒功能，一是一次性定时报警，即设置一个时刻，当时钟到达该报警时刻即启动报警提醒。这个功能一般通常在换班、完班特定时刻任务中使用。二是周期性报时提醒，即设置报时开始时刻和周期间隔，则当时钟到达设置的开始时刻时，即给出报警提醒，并此后每过一个周期，就报警提醒一次。这个功能通常需要实现周期性检查或操作任务时使用，比如换班提醒。

10. 锚位指引

这个功能在雨雾或夜晚，或在船舶密集的港区进入锚地时使用，显得特别方便有效。其工作原理是，设置抛锚点坐标，启动本功能，即在抛锚点处画一个锚位符号，并与本船连线并在线上显示到抛锚点的方位距离进行操船指引。实际航海应用中，可以利用锚位指引功能来实现很多带有这种标引性的任务，如本船与某海图物标点的方位距离跟踪运算、航行过程中对某特定水域的进入监视等。

11. 落水监控

落水监控也称落水救捞，在 ECDIS 中多标记为 "MOB"（人员落水）。本功能是 ECDIS 强调实现的功能，并且要能一键式启动，相当于 "紧急按钮"。启动该功能时，EC-DIS 立即以当前船位作为落水物点，打开特定窗口，监控落水物与本船的相对位置关系，辅助船舶的救助操作。

（六）报警处理

ECDIS 给出了报警提示，船员应能够正确理解并采取相应的处理或操船。正确理解有两种含义：一是要确认报警提示的真伪，即是正常的正确的报警，还是由于不当设置或误操作引起的误报警；二是要具有理解和能够采取必要或恰当的行动的能力。

ECDIS 产生的报警及其提示信息，有些能够在报警条件变为不满足报警条件时自动消除，有些则会一直在界面上显示（这种情形会造成显示混乱或影响视觉效果），需要船员进行确认（表示该报警已经被知晓，危险已被处理）才能取消提示或显示。

第三节　航行记录

与传统航海过程相同，ECDIS 要求进行航行记录并能够再现航行历史。而从 ECDIS 的发展来看，航海日志也可能与纸质海图具有相同的命运，将被电子航海日记（航行记录）所取代。ECDIS 最低性能标准要求：

（1）ECDIS 应存储某些最小航行要求，并能够再现航行过程和查验最近 12 小时使用的正式数据资料。下列数据应每隔 1 分钟记录一次：

①确保本船过去的航迹记录，时间、位置、舵向、速度。

②确保使用的正式数据资料记录，ENC 来源、版本、发布日期、海图单元及更新历史。

（2）ECDIS 应记录整个航次（至少 3 个月）的全部航迹（带有时间标记并且时间间隔不超过 4 小时）。

（3）不允许伪造或更改记录的数据。

一、记录存储

要能够滚动保存至少 12 小时内的能够再现本船航行历史状态的数据，以便能够在发生事故时提供分析证据，或用于航行借鉴显示观摩、演示等。

（一）记录命名

ECDIS 中的记录存储通常以日期命名保存，便于识别和选取。

（二）记录内容

（1）记录时刻，日期时刻；

（2）船位，经纬度；

（3）对地航向和航速，COG、SOG；

（4）船艏向和航速，HDG、LOG；

（5）定位设备，使用的主定位设备；

（6）辅定位设备，使用的辅定位设备；

（7）记录事件类型，该记录是因哪种事件而存储的；

（8）事件描述，事件内容的简短描述；

（9）海图信息，正在使用的海图图号以及海图生产商、版本、更新版本号等。

（三）定时存储

ECDIS 规定的存储方式，即 1 分钟保存 1 个新记录。

（四）事件存储

除定时保存外，ECDIS 要求，凡发生如下事件时，都要自动向航行记录中增加保存一个新记录。

（1）必要事件，主要包括系统开启、关闭、过转向点；

（2）船员设置参数，主要包括调用或取消监控航线、启动或停止报警功能；

（3）设备，连接设备、断开设备；

（4）系统报警，产生任何报警时；

（5）变换海图显示，主要包括分层控制、筛选物标、变更比例尺、自动换图、手动换图；

（6）船员特记，船员操作强制保存功能。

（五）船员特记

ECDIS 要求，应该允许船员在需要时，通过单一操作，向航行记录中添加一个特殊的航行记录（EVENT事件）。该记录除以特殊事件 EVENT 保存在航行记录中外，还作为特殊轨迹点保存在轨迹中，并在海图上用类似小信封符号进行特殊标记显示。

（六）添加附注

为了使航行记录更加完整，ECDIS 提供在航行记录中设置的附注（REMARK）字段，船员能够在查询航行记录时，找到特定时刻或满足要添加附注信息的某个记录，可以在附注字段中输入文字描述信息。附注信息添加功能的实现，使得航行记录信息具备了替代传统航海日志的能力。

二、轨迹存储

将航行记录与航次轨迹分别存储，具有历史局限性。20 世纪 80 年代，在制定 ECDIS 相应标准时，受计算机硬盘和内存容量、计算机处理速度、计算机图形技术等的限制，对某些性能指标给出了"至少"的概念。例如，显示器的尺度至少要达到 270mm×270mm，海图刷新速度不大于 5 秒，以及航行记录中的至少 12 小时的记录或至少 3 个月的航次轨迹。而当今的计算机设备的能力，已经远远超过了当时的性能，；例如，现在的海图更换，已经几乎在视觉没有感觉的"一闪"中实现，而计算机的硬盘存储空间，已经从当时的兆（MB）级到了千兆（GB）级，对于航行记录的数据容量，已经能够至少满足几年的保存空间。因此，很多标准规定的条件，已经可以忽略不计了。

对于航次轨迹的保存，ECDIS 通过设置存储间隔（最大间隔 4 小时）来实现。同时，这种轨迹还直接作为船位标记在电子海图界面上显示处理。

三、时钟调整

时钟调整相当于传统航海的船钟调整，即校准船舶时间，以保证 ECDIS 的时钟正确无误。

四、记录查询打印

航行记录基本属于"黑匣子"，它将航行状态及时保存起来而不受船员控制。船员只能对这些记录进行查看或利用添加附注功能向记录中写入辅助记录信息。

（一）记录查询

在查询中，通常需要根据记录存储时保存的记录列表，选择某时间（记录名称）的记录文件，对记录信息进行浏览查看（记录通常以时间先后排序）。有些系统会提供在默认情况下只显示系统自动存储的必要信息记录，而对其他记录信息则可根据记录的事件性质，提供筛选性查询。

（二）记录打印

有些系统会提供将查询显示的航行记录，打印出来。

五、航迹再现

传统的航行历史回顾，是要把航行过程中进行各种标记的航用纸质海图拿来一张一张地查看。有了 ECDIS，这项工作就显得十分简单，只要选择了某时间段的航行记录或轨迹记录，就可以利用航迹再现功能在电子海图界面上观看历史轨迹和当时的航行环境了。

ECDIS 通常以表格形式显示各记录（轨迹）点的数据信息，同时在电子海图上显示出记录点的符号图形信息，表格的记录行和图形中的记录点之间可互动查询，即表格上选中某个记录点（行），图形上也跳至该点的对应显示状态。

　　航迹再现包括航行再现和轨迹再现两种方式。航行再现是再现 12 小时内的航行记录条件下的航行状态；ECDIS 可调出并显示每个记录点信息，包括本船的航行状态信息、当时使用的海图、比例尺等（有些系统会提供类似录放机式的操作模式）。航行再现也称为"航行回放"。

　　轨迹再现是再现较长时段的航次轨迹；由于轨迹记录类似于传统的船位标记，因此轨迹再现只表现为所选择的航迹记录的轨迹点历史，给出的是以往某航次的概要航路经历。

第 五 章

电子海图的更新与使用风险

第一节　电子海图更新的基本要求与方法

一、基本要求

电子海图的更新（ENC Updating）是指从制作、发布传播电子航海图的更新信息到 ECDIS 接收到该信息并进行更新 SENC 的全过程。ECDIS 对于电子海图数据及其更新，应满足以下基本要求：

（1）ECDIS 所使用的数据必须是经政府或政府授权的主管机关发行的符合 IHO 最新版本标准的数据。

（2）ECDIS 中所拥有的 SENC 数据对于船舶的预期航程而言必须是充分的而且是最新的，以符合 SOLAS 公约的要求。

（3）ENC 数据的内容必须无法被更改。

（4）ENC 数据必须与更新数据分别存储。

（5）ECDIS 应能够自动接收符合 IHO 标准的官方 ENC 数据的更新信息。这些更新信息应能够自动对 SENC 数据进行更新。

（6）ECDIS 无论以何种方式接收到更新信息，更新信息所使用的程序不得干扰正在使用中的屏幕信息。

（7）ECDIS 应能够接收人工输入的 ENC 更新信息，并在接收该信息之前，应具有简单的确认方式。在 ECDIS 屏幕上，人工输入的 ENC 更新信息应该与 ENC 数据及官方更新数据明显区别，且不能影响屏幕的可读性。

（8）ECDIS 应该自动保持 ENC 更新的记录，包括自动更新 SENC 数据的时间。

（9）ECDIS 应能够显示海图更新信息，以便检查其内容并确定该更新信息是否已应用于 SENC 中。

（10）电子海图更新信息必须由制作和发布 ENC 数据的政府或政府授权的主管机关，根据实际海区变化情况，编辑并更新 ENC 数据之后，利用 ENC 制图软件取其差异制作而成。

二、更新方法

按更新信息是否更改 SENC 数据,分为综合更新和非综合更新两种。综合更新方式是指更新取代原有的 SENC 数据,IMO 性能标准将综合更新作为 ECDIS 一种最低要求的更新功能。非综合式更新方式(如手动更新)是指并未改变 SENC 中官方发布的 ENC 内容的更新,只是将更新信息临时增加到 SENC 中,并未真正改变 SENC 的内容。这种更新方式可以通过 ECDIS 软件完成,其方式与从 ENC 中提取数据相同。这类更新只有在不能及时实现自动更新的情况下(例如,在接收诸如影响海图信息的无线电航行警告或者航海通告等临时或预告性的更新信息时)才使用,同样 IMO 性能标准也将非综合更新作为 ECDIS 一种最低要求的更新功能,但使用的更新内容仅限于点物标以及简单的线面物标,如分道通航制、限制区等,不包括等深线、海岸线等复杂物标。

按前后更新信息之间的联系,可分为序列更新、累积更新和编辑更新三种信息。序列更新信息是指自原有更新数据包发行以来新发布的更新信息。累积更新信息是指自从更新版本 ENC 或者自从最新官方更新信息被填充到 SENC 以来所发布的全部序列改正信息的总和。编辑更新信息是指自从最新版本 ENC 或者自从最新官方更新信息被填充到 SENC 以来所发布的,已被编辑成一份独立的总和 ENC 更新图的改正信息。例如,如果自从一个 ENC 版本发布以来,某一浮标已经两次以上变动位置,那么,更新图中将只记下此浮标的最后位置,以改正原版 ENC 中该浮标的位置。这样,编辑更新数据的填充就是在有效的 ENC 版本分发给用户的时候对该版本进行改正,而这一过程可能发生在该版本首次分发时间的数月或者数年之后。在 IHO S-57 中提供的编辑更新手段是重新发行有关的 ENC。

按更新数据的格式是否符合 IHO 的标准,可分为格式化和非格式化两种更新。格式化更新是指采用与 IHO 标准格式相符的,机器能够辨识的更新信息的数据更新。非格式化更新是指采用与 IHO 标准格式不符的,或者机器无法辨识其格式的更新信息的数据更新。

按信息输入方式可分为手动和自动两种更新方法。

(一)手动更新

手动更新是指操作人员手工将信息键入 ECDIS。适用于手动更新的电子海图更新信息,通常是未经格式化的,不能由机器加以辨识的临时性或预告性的信息,如纸质的航海通告、无线电航行警告和 EGC 信息等。因此,手动更新存在非实时性的问题。然而,为了使 ECDIS 能够接受手动更新数据,更新信息必须以某种合理的数据格式键入,且这种数据格式至少应与有关的 ECDIS 标准相符。

在 ECDIS 上进行手动更新时,应注意以下要求:

(1)注意坐标系的统一。纸质航海通告等更新信息主要是为纸质海图服务的,某些时候更新信息时以纸质海图的当地坐标系为基准。而电子海图是采用 WGS-84 坐标系,因此在进行手动更新时,应考虑不同坐标系之间的关系。

(2)对于临时性和预告性的更新信息,应注明更新时间和日期。

（3）手动更新非集成式更新信息时，虽然也是采用标准的海图图示，但在颜色上则通常采用橙色，以便明显区分。如手动删除物标，只是在物标上画上橙色斜线表示删除，而被删除的物标仍然保留在原位。手动增加面物标会在边界沿线加绘橙色圆圈。而修改物标的位置，相当于删除原物标，并在新位置增加物标。值得注意的是，新增浮标等点物标的位置，依然应以符号本身下缘的中心点为基准。

（4）手动更新的信息只能通过手动方式进行删除，即使自动更新的信息与手动更新的信息存在重复部分。只有当安装新版 ENC 数据时，与旧版 ENC 相关的所有手动更新的信息才会被自动删除。手动更新的信息一经删除就会永久删除。

（二）自动更新

自动更新是指不经操作人员介入即可在 ECDIS 内部将更新信息填充到 SENC 中的更新过程。自动更新包括了半自动更新和全自动更新。半自动更新时需要人为介入才能在更新数据存储介质（如软盘、光盘等）和 ECDIS 之间建立连通渠道，对 SENC 进行自动更新的方法。在确认或接收过程完毕后，ECDIS 即可自动处理更新信息并传送给 SENC。与手动更新相似，同样存在非实时性的问题。全自动更新时不必任何人为介入，通过无线电通信或互联网方式，即可使更新信息从分发人处实时接收更新信息并更新 SENC 数据的方法。在确认或接收过程完毕后，ECDIS 即可自动处理更新信息并传送给 SENC。通常"自动更新"包含了"半自动更新"和"全自动更新"。与手动更新和半自动更新相比，全自动更新最大的优点就是实时性好。

一个完整的 ENC 数据文件包含一个以 .000 为扩展名的原文件和若干个以 .001、.002、.003 等为扩展名的更新文件。无论是新的 ENC 数据文件，还是新版（new edition）的原有 ENC 文件，其原文件均以 .000 为扩展名，第一个更新文件以 .001 为扩展名。但对于原有 ENC 义件的再版（re-issue），则原文件仍以 .000 为扩展名，但由于其包含了原版 ENC 文件后续所有更新文件的内容，所以更新文件的扩展名序号不会因原有 ENC 文件的再版而中断。而以原 ENC 产生的 SENC，则只需遵循更新文件即可，不会受再版 ENC 的影响。每个 ENC 数据原文件都有相应的更新文件，更新文件对相应 ENC 原文件内容的改正，不会影响到同一位置不同比例尺的 ENC 原文件的内容。

为了让更新文件能够依据正确的顺序更新 SENC，处理相应的扩展名外，文件内还包含版次、更新号码、最后更新日期、发布日期等内容。新版的版次为 1，更新号码为 0；后续更新文件的版次不变，但更新号码依次加 1；每次新版则版次设为 1，更新号码设为 0。最后更新日期只适用于 .000 的 ENC 原文件，表示文件已更新到该日期。

ECDIS 进行自动更新时，更新文件必须完全依照顺序安装到 ECDIS 中才能正确更新 SENC。缺少其中的任一更新文件，则 ECDIS 会拒绝更新后续更高更新号码的更新文件。使用人员不能干预自动更新时更新文件内的更新操作，但可以查阅更新记录。

第二节　使用电子海图的益处

众所周知，电子化首先是使人类解脱传统的工艺方法，即带来劳动强度的降低，其次是带来了功能和效率的质的飞跃，即可以很容易地实现以往难以做到或无法做到的事情，并使实现方法更加简单便捷。ECDIS 也不例外，而正是由于其无可否认的能力和优势，使之成为强制性的船舶设备，并在航海实践中发挥强大的作用。

一、减轻劳动强度

船舶上的工作，与 ECDIS 相关的内容，主要可归结如下：

（1）使用海图，如查找、搬动、改正工作。

（2）使用航海资料，如查找、搬动、翻阅、改正工作。

（3）手工汇集各种设备信息：如读数、计时、记忆工作。

（4）手工标绘，如测量、计算、标绘工作。

（5）手工计算，如查表、计算、比较、判断工作。

在传统的工作模式下，所有这些工作，无论在体力和时间方面，都需要很强的劳动。例如，传统的纸质海图查找，需要先搬动海图，并要在大量的海图中去翻查，其需要的海图改正，也要一张一张海图的进行。而在 ECDIS 面前，这一工作，不需要搬动海图，通过图号等就可以快速地查找到某海图并直接显示出来，而其改正，也只是像插入光盘并操作一个按钮这样简单就可立即完成。

从 ECDIS 的功能可以发现，上面的所有工作似乎一切都是那么简单、快速、准确。同时，所有这些工作，可以同时集中处理显现在电子海图界面上。可能只需要操作一个按钮，或通过菜单输入某个数据，就可以悠然地像玩游戏一样去完成值班任务甚至完成船舶操纵。

劳动强度的降低，工作效率的提高，使船员节省了大量的时间和精力。于是，他们就会有更充足的体力和时间专心用于船舶操纵、避碰分析、值班瞭望，进一步确保航行安全。

二、促进安全航行

安全航海是航海界追求的最大目标，也是 ECDIS 的唯一目的。所以，ECDIS 的所有元素，都是以航行安全为出发点。

（一）最新的海图和航海信息

海图和航海信息，是船舶航行安全的基础。现代网络技术和通信技术，为 ECDIS 提供了优越的海图和航海图书资料的及时更新，保证了船舶使用的所有航海资料始终保持最新，从而保障了依据它们进行航行推算、监控的可靠性和准确性。

（二）本船位置实时显示

本船船位在海图上的标出，能够给出船舶在航行水域中的关系，提供了判断船舶是否出于正常、安全并预计的位置的条件。由于 ECDIS 能够通过定位设备获得船位数据，并能够将船位实时显示到电子海图屏幕上，船员可以快速地实施查看、核实、对比工作，提高了船舶安全保障系数。

（三）相关航行信息实时显示

船舶航行在水域中，其周围的环境，如其他移动目标、海图信息、风流海流等，也是关系到航行安全的因素。ECDIS 对这些相关信息的实时显示，加强了船舶的航行安全。

1. 信息的灵活显示

不同水域航行时要求海图信息的筛选显示、不同光线条件下的背景交换、不同显示模式下的航向航速矢量长度设置或量值显示查看等。

2. 雷达、ARPA、AIS 目标叠加

三者在海图上的叠加显示，提供了本船周围移动目标的真实图像，能够明显地看到本船周围的情况、其他目标移动的趋势，直观地估计安全态势。

3. 相互关系自动显示

本船在航行环境中所处的关系，是判断安全或危险的首要条件。ECDIS 中，借助于计算机的运算功能，能够自动地通过运动矢量，推算出本船是否会与其他周围目标形成紧迫局面，达到早期知道、恰当预防、及时纠正，最终实现安全航行。

4. 危险运算与报警提示

航线自动监控：偏离航线、未能按计划航行（航段超速、不能及时到达转向点）、转向点提醒等，能够保证船舶航次计划的安全、顺利实现。

自动危险计算与报警：进入限制区和危险区、与危险物碰撞、搁浅预报等的自动计算和报警提示，确保了航行过程中避免危险情况的出现。

操船提示：在转向点处，ECDIS 能够根据预先设置的转舵点，描画出沿该点的两个航段上的航行弧线，供船员在操舵时参考。在提供了风、流数据信息时，ECDIS 能够根据当前的航速，计算得出保证使航迹航行在计划航线上的航向。

减少人为失误：人为的判定，总是带有一定的模糊概念在其中，不会那么精确或恰到好处。而 ECDIS 借助精确地海图、实时的本船和移动目标状态信息，结构预先设置的要完成或实现的事项条件，进行实时的计算和比对，避免了人为判断的模糊或错误，明显地减少了操船决策中的失误。

第三节　正确安全使用 ECDIS

ECDIS 虽然功能强大，但它只是一种助航仪器；ECDIS 自身的局限性、显示误差和故障、用户对系统的不适当设置和使用、传感器误差、备用配置使用上的及时和有效问题等，都要求用户能够正确安全使用 ECDIS。

航海人员应全面掌握 ECDIS 的性能，熟悉 ECDIS 的功能作用及其正确使用方法，应了解 ECDIS 自身可能存在的弱点及由此可能产生的风险；航行中，保持正规瞭望，充分利用独立于 ECDIS 的手段和方法检验 ECDIS 的有效性、合理性和误差，降低航行风险，真正实现 ECDIS 促进航行安全的目的。

一、使用 ECDIS 的风险

（一）海图数据误差

海图数据误差主要是在海图数据的形成过程中产生的误差和不同数据来源所依据的基准差异引起的误差，是 ECDIS 的一种固有的误差。

1. 海图误差

海图数据的质量主要依赖于数据测量的精确性、数据制作的精确性、数据是否覆盖所有水域范围、数据是否完整以及是否及时更新等。目前电子海图数据主要来源于纸质海图；纸质海图的水道测量数据及其标示的位置可能存在误差；从纸质海图到电子海图的转换过程中数据扫描可能有遗漏，如在海图之间出现缝隙或丢失数据，也有可能出现添加一些不必要的、冗余的、无关的信息；还有可能出现某些区域的两个数值矛盾。

2. 坐标系误差

当定位系统所依据的坐标系与海图数据的坐标系不一致时，如果没有对船位误差进行修正，则海图上显示的船位不符合海图坐标系。

3. 方位误差

主要指真北与罗经北（雷达）的误差，即在 ECDIS 中，海图数据所依据的方位，是以真北为基准测算的，而导航设备中通过罗经北来获得方位的数据，如雷达、船首向等，这就取决于罗经是否校正准确。

4. 设备本身固有的误差

任何设备都具有自身固有的偏差，是无法调整和避免的。

（二）船位误差

船位误差属于时变数据产生的误差，主要体现在由于定位系统定位不准确及定位系统与 ECDIS 时间不完全同步，导致显示的位置和计算的结果与实际情况不符。

（1）本船定位设备位置误差。

定位设备提供的船位是天线所在位置坐标，ECDIS 以船舶的指挥位置为基准，而定位设备的天线位置一般都不在该点上。ECDIS 中可根据定位设备天线处于船舶的相对位置求得船舶指挥位置，这个位置通常以米级为单位，自然就会有一定的偏差。当然，如果在使用定位设备数据时，没有进行过正确的中心点求算，产生的误差可能会大。

（2）与本船位置类似，目标的船位本身也存在一定的定位误差。

（3）位置发送周期误差。

ECDIS 中，本船船位数据一般来自 GPS 传感器，目标船位数据主要来自雷达和 AIS 传感器。GPS 定位一般每秒至少产生 1 个位置数据，对于高速船而言，应每 0.5 秒输出至少一个位置数据。雷达一般 3 秒为一个扫描周期。同理，AIS 的信息更新也存在一定的周期性，具体如表所示。由此可见，ECDIS 从 GPS、雷达、AIS 等传感器接收的数据并非实时的，而是具有一定的时间延迟。此外，ECDIS 本身也是每隔 1~3 秒刷新一次海图数据和其他航海信息。因此，ECDIS 并非实时显示海图数据和目标的位置，存在一定的延时。

AIS 信息更新周期

信息类型	船舶状态	报给间隔
静态信息		6 min，当数据已被更换时，根据请求及数据有变化时和接收到发生要求时每 6 s
动态信息（取决于航速和航向的变化）	锚泊船	3 min
	航速 0~14 kn 的船舶	12 s
	航速 0~14 kn 的变向船舶	4 s
	航速 14~23 kn 的船舶	6 s
	航速 14~23 kn 的变向船舶	2 s
	航速 >23 kn 的船舶	3 s
	航速 >23 kn 的变向船舶	2 s
航次数据		根据请求每 6 min（当数据已被更换时）

（三）硬件故障

外部设备（传感器）可能产生的误差主要来自设备性能下降、设备连接故障，外部设备就无法为 ECDIS 提供数据，ECDIS 也就无法提供相应的信息。

1. 性能下降

使用时间过长、部件老化等都可能引起设备的使用性能下降，而无法达到其设计使用的标准。如定位设备的精度可能由使用初期的 10 米以内，降低到 20 米以内，测深仪的误差可能由原来的厘米级下降到分米级，从而使得 ECDIS 获得的数据从来源就存在不稳定和不准确性。

2. 连接故障

这里所说的连接，主要是指 ECDIS 与外部设备的物理连接。如果连接出现故障，外部设备就无法为 ECDIS 提供数据，ECDIS 也就无法提供相应的信息。

3. 突发故障

尽管突发的硬件故障难以防范，但它的出现，毕竟会引起 ECDIS 获得的数据出现严重的失真，从而导致其给出的信息无法置信，甚至产生由此带来的灾难性后果。

（四）理解错误

使用者对 ECDIS 的工作原理、数据产生机制缺乏必备的知识和经验，或者在面对某些特殊情况下产生了误解，或由于工作疏忽没有进行必要的证实或分析，从而构成了盲目的接受或错误的决定。因理解错误主要由人为因素产生，所以，ECDIS 使用者一定要认真掌握其工作原理和机制，把握显示现象与客观实际的相互关系，避免产生理解错误而导致航行风险。理解错误主要包括以下几方面：

1. 忽视海图超比例尺显示

海图的超比例尺（放大或缩小）显示是基于原始比例尺而言的，即在原始比例尺下，海图物标之间的相互关系是最为可靠的。超比例尺显示时海图上物标之间的空间位置关系存在视觉差异，因此，如果忽视超比例尺显示而带来视觉误差，可能导致做出错误的判断。

2. 忽视显示控制

海图信息的显示分为基础显示、标准显示和所有其他显示三种方式。每种显示都存在某些种类的海图物标没有被显示出来的可能。例如，在基础显示模式下，只显示了直接与本船安全具有危险的物标，还有很多影响航行安全的物标（如固定和浮动的助航标志、禁航区和受限区域等）没有显示出来。

进行海图漫游或航迹回放等操作时，船舶位置可能不在显示界面中，显示界面显示的并不是船舶周围的情况，不能作为船舶是否存在航行危险的依据。使用首向上或航向向上时，电子海图的显示与纸质海图的显示有着明显的区别，对于习惯使用传统纸质海图的驾驶人员来讲，和容易出现混淆。

在电子海图上叠加雷达图像、雷达跟踪目标、AIS 目标等可能造成显示信息过载，减慢系统的运算速度。如果叠加的雷达图像质量比较差，如存在雨雪干扰等，一些小的物标就有可能被忽略。仅叠加雷达跟踪目标时也有可能造成信息解读的失误，如雷达跟踪目标丢失或没能及时捕捉物标，利用电子海图显示避让，有可能因为不能及时发现和跟踪物标而造成碰撞危险。

3. 缺乏分析接收显示船位

主要体现在不分析地接受船位以及相关的状态显示，包括本船是否在其应该的位置、出现的安全现状或报警提示是否是真实情况的反应等，即忽视了是基于观测船位而不是实际船舶位置的事实。例如，定位设备的精度是指在 95% 情况下能够正常给出数据，而还有

5%的概率会给出精度极为不良的数据。

（五）操作不当

操作不当主要体现在船员在 ECDIS 操作过程中，由于不熟练、知识欠缺或工作马虎等造成的错误操作。

1. 海图显示不当

ECDIS 的海图显示中，不仅要求原始数据要准确，而且在选择使用数据时要充分考虑航行安全的需要。过多的数据内容不仅造成系统过载、使重要的信息被覆盖或淹没，而且不必要；但如果选择的数据过少，则可能不能满足航海安全的需要。

2. 设置错误

在 ECDIS 中，只有选择适当的诸如系统报警参数、航线监控报警参数、本船船舶参数等参数，才能有效地发挥 ECDIS 的相关功能。例如偏航报警，如果设置的报警限制值过小，就会经常发生报警（可能是不必要的）；如果过大，就会在应该报警的时候，无法给出。又如搁浅报警，如果设置的提前报警时间过短，就会形成虽产生了报警，但由于没有给后续的操船留有充分的时间，进入浅水区的危险就有可能无法避免。

3. 操作错误

操作错误不同于设置错误，这是一种由于动作失误或选择错误构成的后果，应当在 ECDIS 使用中尽量避免。例如在选择操作菜单时，由于鼠标操作不熟练而选择了不应该选择的菜单行。

二、正确安全使用 ECDIS

作为对航海安全具有相对指数的 ECDIS 而言，IMO 既看到了它非凡的能力，也深刻地知晓它可能存在的问题，并在性能标准中对安全并正确使用该设备，提出了严格的要求。将其概要总结如下，以提醒使用者在实践中予以重视。

（一）海图数据

应使用权威机构发行的 ENC 海图数据。如果使用了其他数据，要甄别其来源的可靠性和坐标系的同一性。商业公司制作和推广的电子海图，其海图数据多依赖于水道测量机构或授权，权威性和时效性较之于官方机构逊色。区分电子海图数据是否为官方 ENC，在购买数字产品时，注意检查发行机构是否为官方或由官方授权；在显示电子海图时，按 ECDIS 性能标准规定，如果不是官方的 ENC，则在显示器上会出现特定的警示信息。

官方 ENC 也需要定期更新，可以通过航海通告、无线电航警手动改正，也可以通过改正光盘等媒介或登录国际互联网实现自动更新。

（二）显示信息

应了解 ECDIS 的各项性能，掌握各传感器切换方法，充分发挥设备或仪器的功能优势，选取最佳的定位或导航方式。

应熟悉相关航路资料。单凭 ECDIS 对航线进行检查和航行监控是不科学、不完整的。尤其是在近岸和进出港口水域，有较为完善的陆地导航系统，如浮标、导标、叠标等，可利用这些标志或系统进行导航或避险，方法简单、结构直观，便于检查、校核 ECDIS 的导航精度。

应熟悉电子海图系统和航路资料，才能正确地评估显示信息是否正确，以引导船舶安全航行。

（三）ECDIS 显示

熟悉 ECDIS 的不同显示方式及其特点。在不同水域、不同时间或使用不同的船舶监控功能时应选用合适的显示方式。

注意报警参数的正确输入和报警功能的合理使用。要熟练掌握参数设置、航线设计、航路监控、报警的设置与排除、电子海图的更新、各种相关数据的判断与处理等于航行安全密切相关的操作和信息。航线偏航报警设置或防搁浅设置，一般使用于港外航路，在进出港口时，航道的宽度有限，与定位精度、偏航报警阈值等不相称，所以要充分利用港口设置的各种导航标志。

正确解读报警或指示信息。危险信息一般用红色表示；安全信息一般用黄色表示，航行监控时如果系统还设置在漫游模式，那么系统会自动出现黄色的信息予以提醒。定位传感器故障等也会发出类似信息。

（四）系统设备保养

ECDIS 工作时间长，从开航前拟订航行计划开机，到抵达目的港关机，往往要持续几天甚至几十天的时间。船舶可能跨越的空间大，从低温地区到高温地区，从干燥地区到潮湿地区，设备硬件要经受各种不同环境的考验。因此，驾驶台要保持合适的温度，要注意防尘、防潮。配备双套 ECDIS 的船舶，要定期转换使用，让每台设备都得到休整。长时间不用时，要定期通电除潮。

应定期对外部设备进行性能检测，及时掌握设备的运行情况以及可能存在的误差，保证传递的数据到达要求。

为确保 ECDIS 功能的正常运行，要定期自动或手动对 ECDIS 进行主要功能在船测试，包括传感器输入数据的完整性测试、航线监控功能的实现等。根据使用手册的操作指导进行 ECDIS 相关自检。

正确使用备用配置。ECDIS 需要备用配置，在紧急情况下可以取代主系统执行各种功能直到抵达下一个港口。如果在雾中航行或进出狭水道时，出现电子海图系统等故障，应该降低船速，按照传统的航行方式航行。

（五）软件系统维护

系统的稳定运行离不开软件，软件出现故障可能降低系统性能，甚至导致系统崩溃。

要坚持专机专用，不能将设备挪作他用，否则容易影响设备的性能或感染计算机病毒。

要预防计算机病毒，使用经过系统供应商认可的正版杀毒软件定期杀毒。要坚持导航手段多样化，通过其他手段检验和校核 ECDIS 的观察结构，及时发现系统可能存在的问题和缺陷。

应注意制造商发布的信息，对可能存在问题或缺陷进行修正。删除数据或文件都会给船舶带来危险，驾驶员不得随意删除与航行安全有关的数据。

（六）驾驶台设备配备

注意 ECDIS 与船舶其他系统之间的匹配。尽量安装同一制造商的产品，有利于各系统之间的兼容；互不兼容的设备之间要通过信号转换装置来连通。要正确地进行系统设置，如 DGPS 选用的坐标系统应该与电子海图的坐标系统一致。要输入准确可靠的导航参数，如航向、转向点的经纬度、陀螺罗经差、磁罗经自差与磁差、风流压差；各种仪器启动时的初始数据等。要熟悉和掌握 ECDIS 中各种传感器的原理、特性和功能，使各种传感器工作在最佳状态。要充分认识到各种传感器的局限性，最好将定位数据、导航参数等进行比较分析，选择精度高和可靠性好的船位。

（七）电力供应

ECDIS 的电源，通常会有直流 24 V 和交流 220 V 两种接口（插头），一般会与船舶电源插口相匹配，不至于连接错误。

常规电源：要根据船舶电源的稳定情况，选择适当的接口进行连接。

应急电源：应该在其他导航设备，特别是定位设备以及具备应急电源的前提下，在 ECDIS 上使用应急电源；否则，如果仅仅是给 ECDIS 准备了应急措施，也将因为没有航行监控的来源数据而无法正常工作。

三、备用配置

ECDIS 性能标准要求，船舶应提供适当的、独立于 ECDIS 的备用配置（Back-up Arrangement）（其性能可以低于 ECDIS，但能够进行基本的海图显示、航线设计、航行监控、航行记录、本船状态显示和所有的航行报警），以确保在 ECDIS 发生故障时能够利用备用配置继续保持安全航行。ECDIS 性能标准附则 6 对 ECDIS 备用配置提出总体要求，列出了备用配置的必需功能，主要包括以下内容。

（1）能以海图形式显示水道测量和地理环境相关信息。

（2）能接管原先在 ECDIS 上的航行设计，并能手动或通过从航线设计设备传输来调整计划航线。

（3）能接管原先由 ECDIS 进行的航行监控；能自动或在海图上手动标绘本船船位和对应的船时；可在海图上显示计划航线，量取航向、距离和方位，标绘经纬度、方位位置线、距离位置线。

（4）如果备用配置为电子设备，则至少能显示 ECDIS 中的标准显示模式下的信息。

（5）整个航次的海图信息应该使用最新的官方版本，并改正到最新；应不可能改变电子海图信息的内容；应显示海图或海图数据的版本和发布日期。

（6）如果备用配置为电子设备，当信息以比数据库中的比例更大的比例显示，或覆盖本船船位的海图比例尺大于系统提供的比例尺时，应能提供指示。

（7）雷达和其他航行信息的叠加应符合相关要求。

（8）应能记录船舶航迹，包括船位和相应船时。

（9）在主要环境条件和正常操作条件下备用配置应能提供可靠的操作。

怎样才能具备 ECDIS 的"足够有效"的备用配置，这最终要由各国海事局来决定。每个国家定义的 ECDIS 备用配置都有各自的"携带要求"，但 ECDIS 备用配置会因船旗国或港口国制定的规则的不同而不尽相同。

目前满足备用配置要求的方式主要有以下几种：

（1）一部使用独立电源、与具备连续定位能力传感器连接的 ECDIS。

在实际应用中，很多船舶都以购置两个相同的 ECDIS 互为备份，其优点是，二者完全相同，不必进行特殊的操作掌握。此外，两套 ECDIS 可共享航线信息、海图数据等，一旦一套设备故障，另一套设备可及时执行航行监控任务。

（2）符合 IMO MSC. 192（79）航海雷达设备性能标准，具有 ENC 海图信息覆盖范围选定部的雷达。

该性能标准对于雷达系统显示 ENC 信息的要求如下：

①雷达系统应能提供操作显示区电子航海图（ENC）和其他矢量海图信息的显示方法，以便进行连续和实时的位置监控。通过简单操作应能删除海图数据的显示。

②ENC 信息应是主要的信息来源，应符合 IHO 相关标准。其他信息的状态应有永久的标志指示。应有可用的数据来源和更新信息。

③作为最低要求，ECDIS 标准显示信息应按类别或图层而不是按单独的物标进行单独选择。

④海图信息应采用和雷达或 AIS 相同的参考标准和坐标，包括坐标系、比例尺、方向、共同参考点（CCRP）和稳定模式。

⑤雷达信息的显示应优先。海图信息的显示不得严重遮蔽、模糊或破坏雷达信息。海图信息应是清晰可辨的。

⑥海图数据来源的故障不应影响雷达或 AIS 系统的工作。

⑦海图符号和颜色应符合国际海事组织批准的船载导航显示器航行信息显示性能标准的要求。

（3）满足整个航次所需的改正到最新的最新版纸质海图

安装和使用 ECDIS 系统的主要原因之一是为了满足 SOLAS 公约关于海图配备的要求，以促进航行安全和降低航海人员工作负担，取代传统的纸质海图。显然，依靠最新的纸质海图来作为 ECDIS 备份配置显得不太合理。

一些国家会要求本国籍的船舶配备几种类型的 ECDIS 备用配备，而有的国家则要求某种特定类型的备用配置。港口国也会提供相应的服务（如提供 ENC 数据和更新），使 ECDIS 在自己国家的水域里正常使用。在实际应用中，很多船舶都以购置两个相同的 ECDIS 互为备份，其优点是，二者完全相同，不必进行特殊的操作掌握。

第四节　过度依赖 ECDIS 的风险

总揽 ECDIS 的发展历程，不难发现，从最初的纸质海图复制品，到现在的船舶信息核心，乃至强制性的船用设备，是因为在航海实践中，ECDIS 具有无限的潜能给船舶航行带来最大的安全保障。

然而，从 ECDIS 的实际应用过程来看，也很容易地知道，ECDIS 虽然功能很强，但它仍然只是一种助航仪器。其自身的局限性、显示误差和故障、使用者对系统设置和使用中的不适当或错误、传感器的误差、备用布置使用上的及时和有效等都要求使用者对其决不能过分依赖。使用者不仅要充分掌握其性能并充分、适当地利用其功能，而且在航行中保持正规的瞭望，利用独立于 ECDIS 的手动和方法检验它的有效性、合理性和是否存在误差，以最大限度地保证航行安全。

因此，在实际的航海实践应用中，一方面系统全面地掌握并熟悉 ECDIS 的功能作用及其正确使用方法，充分发挥和利用其保证航行安全的优势，另一方面还要准确理解 ECDIS 自身的弱点和可能产生的问题，以达到正确利用其合理的功能，避免风险的发生，真正实现其促进航行安全的唯一目的。

第二篇

ECDIS操作指导

系统检查与故障检测

一、实操步骤

（1）观察、了解系统主界面、操作按钮、菜单及其作用。

（2）本船参数配置、设备连接或不正常连接设备，观察各设备自身的状态：定位设备、雷达、罗经、测深仪、其他设备。

（3）故障识别与排除。

（4）船舶操作（施加动力和给舵），观察电子海图界面船舶运行状态及其航行数据显示。

①海图界面上的本船符号及其运动表示。

②状态栏中显示的本船船位、航向、航速、时间等航行信息。

③可能出现的报警提示信息。

④海图的基本操作（放大、缩小）

（5）关闭系统。

（6）填写实操报给、实操记录。

二、讨论与思考

（1）传感器参数、位置设置的重要性。

（2）设备误差与配置的关系。

（3）如何正确引入传感器信号并显示。

（4）如何识别系统故障并排除故障。

三、实操操作指导提示

（一）MTI-ECDIS

MTI-ECDIS 2000 是在 S-57、S-52、S-63、MSC232（82）以及 STCW 等国际公约要求的基础之上开发的，是针对船舶驾驶员、在校航海技术专业学生、相关培训班学员等进行 ECDIS 实操培训的 ECDIS 模拟器，主要具备以下功能：

◆uMonitor：航行监控

◆uVoyage planner：航次计划及航线设计

◆uMAP：手动添加海图物标

◆uSencers：传感器设置

◆uChart：海图管理与显示设置

◆uLog Book：航行日志

◆uTarget：AIS、ARPA 物标查询

◆uSimulation：船舶操纵模拟，包括：模拟操舵、模拟车钟、模拟

◆uRadar：雷达控制、物标录取跟踪

◆uRoute Data：航行监控信息显示

◆u 背景光：在白天、黄昏和夜晚模式下切换

ECDIS 模拟器的主界面主要分成 6 大部分 23 个分节构成，如图 2-1-1、图 2-1-2 和表 2-1-1所示，这六大功能区主要包括以下内容。

（1）顶部信息显示区。

（2）居中快捷工具条。

（3）右侧信息栏。

（4）底部常用功能菜单。

（5）底部光标状态栏。

（6）海图显示区。

顶部信息显示区

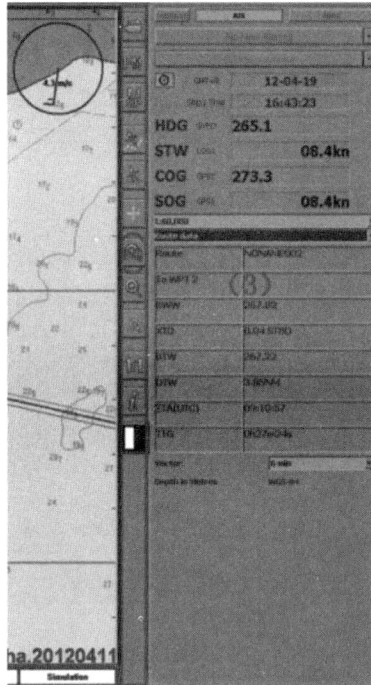

居中快捷工具条及右侧信息栏

底部常用功能菜单及底部光标状态栏

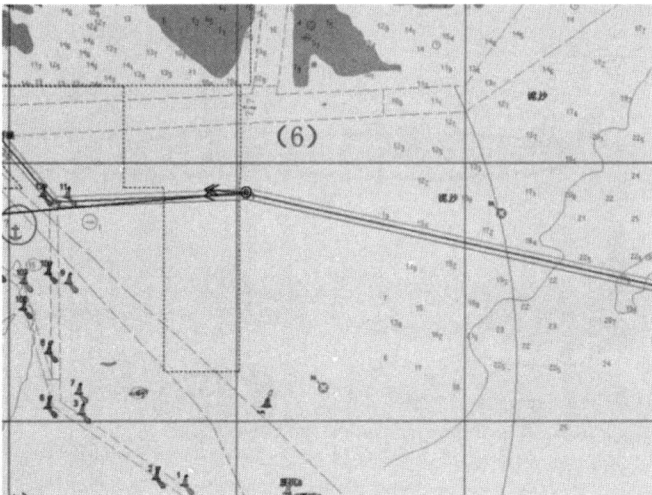

海图显示区

图 2-1-1　MTI ECDIS 模拟器界面及其布局

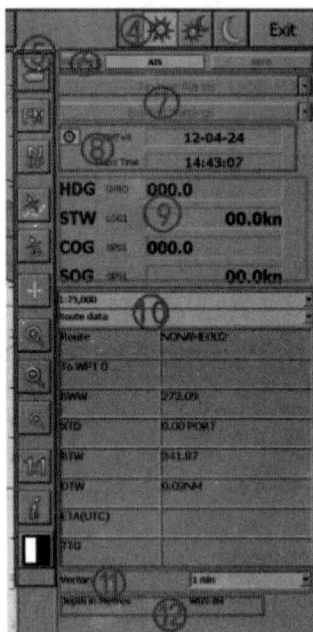

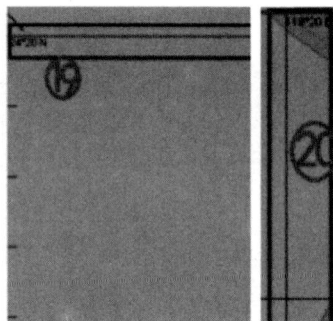

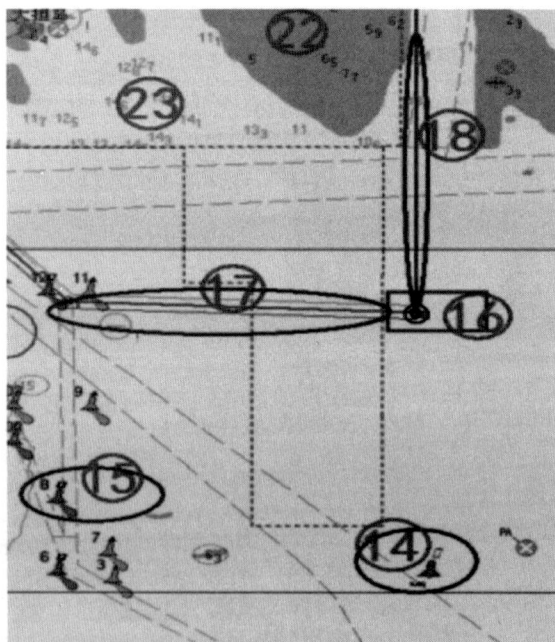

图 2-1-2　ECDIS 界面功能快速索引

表 2-1-1　ECDIS 界面功能索引表

编号	功能	功能说明
①	船位及船位信息来源	实时显示来自 GPS 等定位系统的经纬度，并同时显示当前所用定位系统。当这个位置的文字为红色时，表明位置不准，请检查确认
②	船位差	用以显示主位置源和次位置源之间的船位差，用二者之间的方位和距离来表示
③	软件名称	本模拟器的名称：MTI-ECDIS
④	背景光模式	分三种背景光模式：白天、黄昏和夜晚
⑤	快捷工具栏	标准要求单次操作完成的功能快捷按钮
⑥	雷达、AIS、ARPA 信息覆盖	在 ECDIS 中可以叠加显示 RADAR 物标、AIS 物标
⑦	报警显示	当系统出错、操作失误、提醒用户时，会分别在这两个位置弹出警告、报警的信息，用户单击就可以确认
⑧	船时	模拟器系统时间使用船时还是世界时的切换按钮
⑨	航行信息	包括本船的船首向、对水速度、对地航向和对地速度
⑩	隐藏菜单	快捷关闭菜单显示
⑪	矢量时间设置	设置本船和目标船的速度矢量长度（1-24）
⑫	水深单位和坐标系	显示本张海图的坐标系和水深的单位
⑬	常用功能菜单	ECDIS 常用功能，如航行监控、航线设计、海图管理、模拟航行、模拟操作等功能
⑭	人工添加的海图物标	使用 MAP 功能添加的物标
⑮	ENC 物标	原始海图中的物标
⑯	本船符号	当前比例尺不同时，本船符号在双圆圈和船舶轮廓符号之间切换
⑰	正监控航线	正在设计的航线和正在监控的航线分别用蓝色和红色加以区别
⑱	本船船首线	当前状态时船首的方向线
⑲	纬线	在电子海图上显示的纬线
⑳	经线	在电子海图上显示的经线
㉑	海图陆地区域	按标准规定颜色显示的陆地区域
㉒	浅水区域	根据本船特性参数可设定相对于本船的浅水区域
㉓	非浅水区域	相对于本船参数的非浅水区域

（二）开启 ECDIS 端

开启 ECDIS 之后，用户可以从 ECDIS 主界面快速地检查各传感器信号是否正常接入。这些传感器包括 GPS、AIS、测深仪、计程仪等。

GPS 出现故障时，在软件终端将会出现多处警报和提醒：

（1）本船经纬度变成红色。

（2）本船符号变成红色。

（3）COG & SOG 变成红色。

（4）AIS 船舶信息变成红色不可信状态。

（5）报警栏上出现"Position system failure"红色报警等，如图 2-1-3 所示。

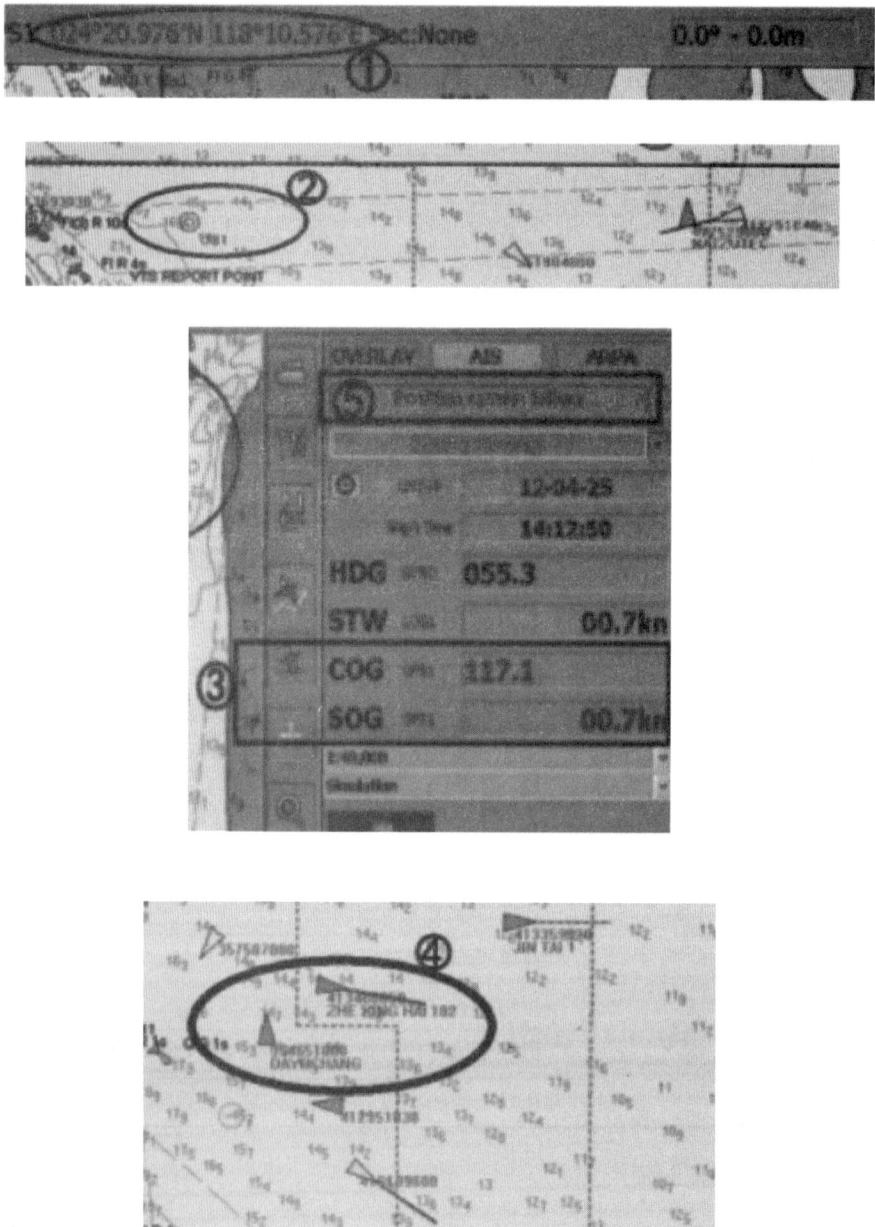

图 2-1-3　开机后各传感器信息检查

AIS failure：当模拟的 AIS 出现故障时，报警栏中同样会出现相应的"AIS Failure"报警，同时 AIS 信息和目标船信息等数据将不会更新。

Echo sounder failure：当 Echo Sounder 出现故障时，报警栏中同样会出现相应的"Echo sounder failure"报警，同时 Conning 中将无法正确显示水深。

Speed log failure：当计程仪 SpeedLog 出现故障时，报警栏中同样会出现相应的报警，同时 STW 将变成红色 **STW** LOG1　　　00.8kn，并显示错误信息。

(三) ECDIS 模拟器详细操作

1. 顶部信息栏

`Prim:GPS1 024°18.843'N 118°18.522'E`：显示本船位置信息。

`Sec:DR    268.7°`：显示备用定位系统及位置信息。

`☀ ☾ ☽`：显示亮度级别选择，分别是白天模式、傍晚模式和黑夜模式。

2. 居中快捷工具栏

快捷的操作按钮，用户通过一次单击按钮就可快捷的进入相应的操作，本船的客户端工具体条主要包括：快速回到本船、运动模式、显示模式、测距工具、测量方位与距离、海图拖动工具、海图放大、海图缩小、局部放大、显示海图原始比例尺、拾取海图信息、显示、隐藏窗口功能，如图 2-1-4 所示。

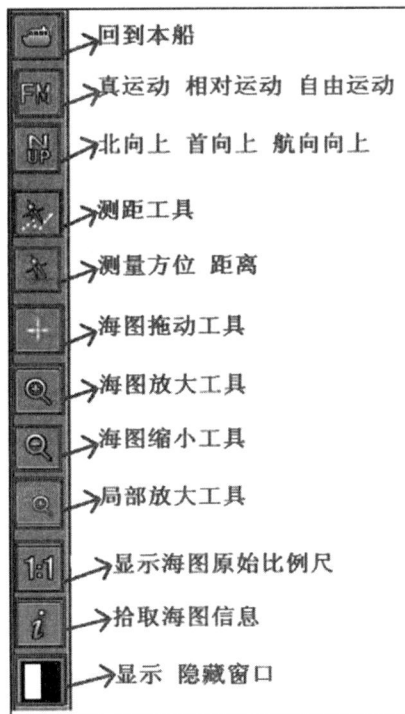

图 2-1-4　快捷工具条

图中各按钮的功能及操作如下所述：

（1）快速回到本船。

当本船不在当前显示的区域时，通过该功能键可以快速跳转至以本船坐标为屏幕中心的海图显示区域。

（2）真运动、相对运动和自由运动。

FM 自由运动：即鼠标点击后将以该点为中心进行显示。

TM 真运动：真运动就是本船动而海图不动，当船舶到达海图视口边界（海图屏幕中心）的时候，本船图标自动跳到海图中心点。

RM 相对运动：本船不动，海图向相反方向移动。

（3）北向上，首向上和航向向上。

北向上：图像显示以真北向上显示，船动海图不动。

首向上：图像显示时以船首向上显示，船不动海图动。

航向向上：图像显示以航向向上显示，船不动海图动，比首向上模式稳定。

（4）折线测距工具。

该功能键用于测量本船到物标、物标到物标的方位和距离，显示结果如图 2-1-5 所示：

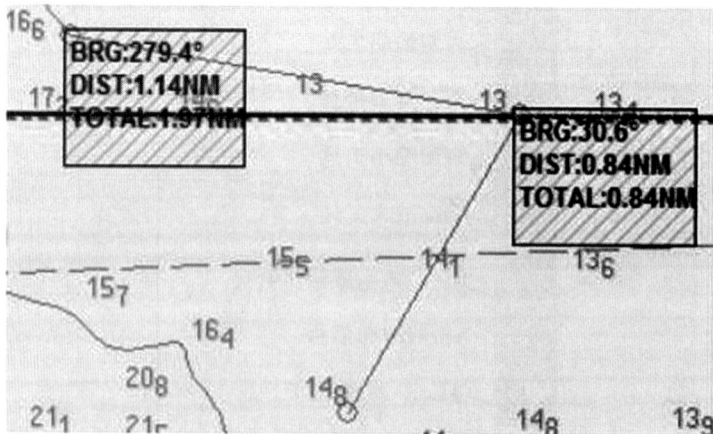

图 2-1-5　折线模式测量物标与距离的方位和距离

（5）利用 VRM/EBL 测量方位与距离。

该功能键用于测量本船到物标及物标到物标的距离差和方位差，操作如下：

①点击该工具。

②左键选择海图上任意一点，将该点记为圆心，此时左键不要松开。

③在海图上拖动鼠标到需要测量的点，松开左键完成该次测量。

④再次点击测量工具，退出测量。

测量方位与距离显示效果如图 2-1-6 所示：

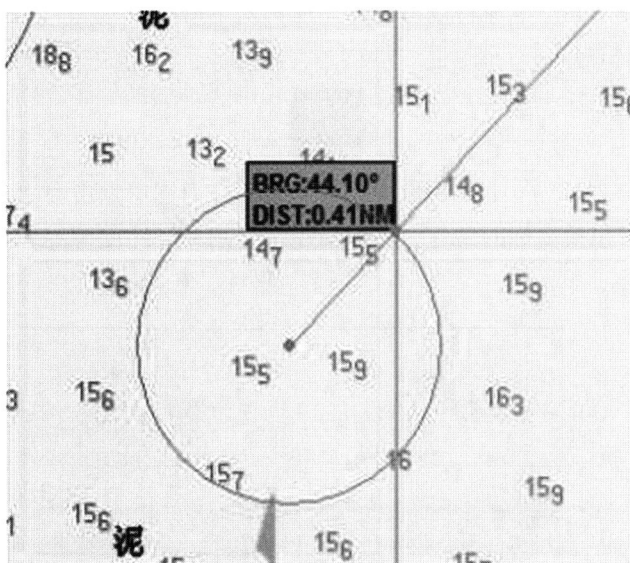

图 2-1-6　测量物标与距离的方位和距离

（6）海图拖动工具。

点击该功能后，按住鼠标左键可拖动海图。

（7）海图放大。

海图进行放大，点击【放大】，以屏幕中心为中心，海图放大一倍，状态栏中的比例尺【1：XXX】随之进行改变，到达海图最大比例尺后，再继续点击，海图大小不再改变。

（8）海图缩小。

海图进行缩小，点击【缩小】，以屏幕中心为中心，海图缩小一半，状态栏中的比例尺【1：XXX】随之进行改变，到达海图最小比例尺后，再继续点击，海图大小不再改变。

（9）局部放大。

点击按钮，在海图中左击画出想要放大的部分在左击，就能实现海图局部放大。

（10）海图原始比例尺。

按此钮之后，海图显示区域将以海图原始比例显示海图。

（11）拾取海图信息。

点击按钮，会弹出 objects info 识取海图信息框，在海图中点击会出现海图上各个图层上的信息，这些信息包括物标的名称、各种描述、类别和经纬度等等。拾取海图信息显示效果如图 2-1-7 所示。

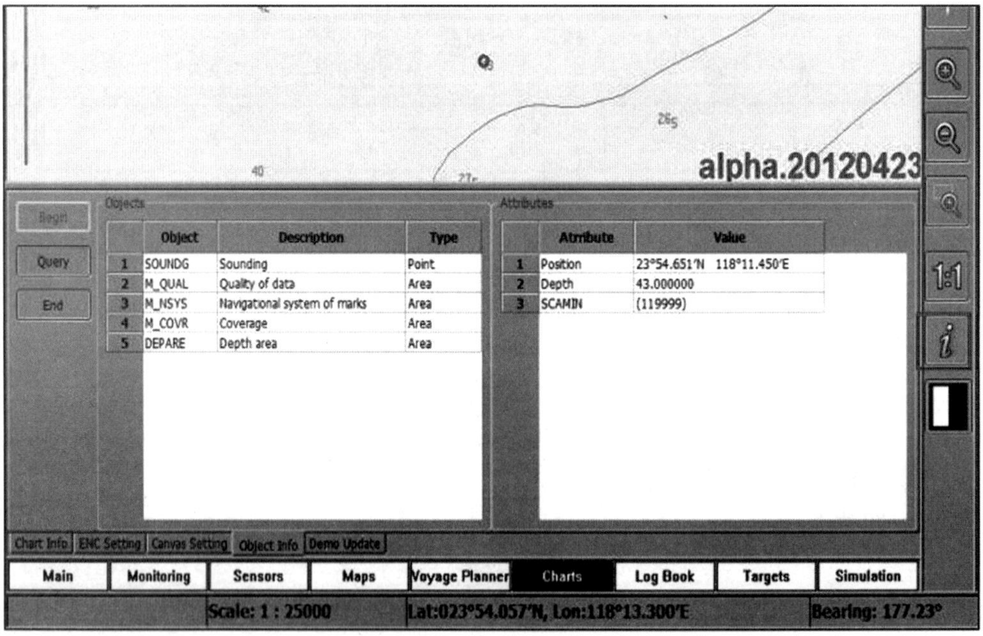

图 2-1-7　物标查询结果显示窗口

（12）显示，隐藏窗口功能。

点击可显示和隐藏 ECDIS 的动态显示和控制窗口。

3. 右侧信息栏

右侧信息栏向用户提供了船舶在任何时候的基本信息，主要分成两种信息，一个是基本信息，包括航向、航速、时间、报警与警告，以及快捷的选择海图显示比例尺等，另一个信息栏包括 RADAR 控制、模拟航行控制、航行监控时的监控参数等，如图 2-1-8 所示。

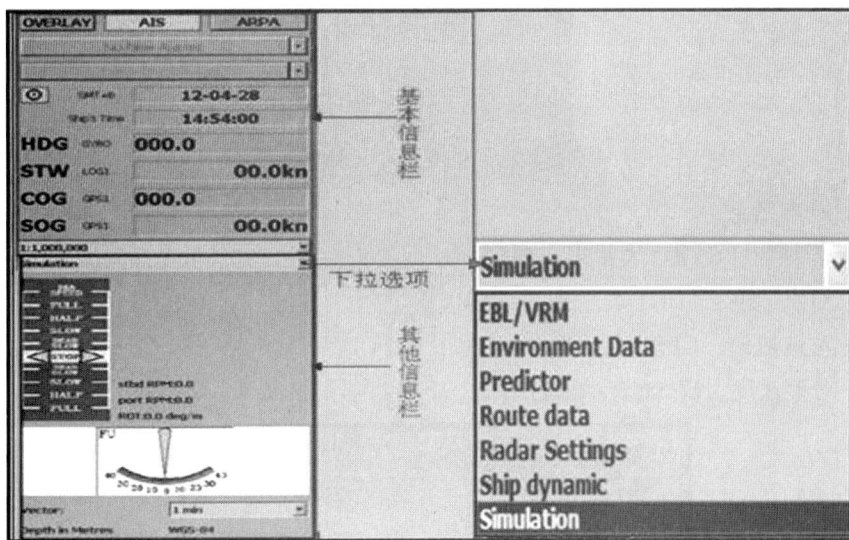

图 2-1-8　右侧信息栏

（1）基本信息栏。

功能：活动物标显示与关闭。

OVERLAY：雷达回波叠加到电子海图上。

AIS：显示 AIS 物标信息。

ARPA：开启 ARPA。

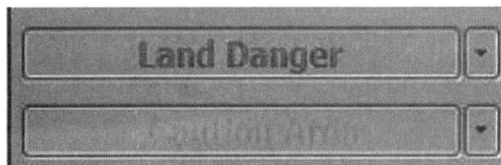

功能：警报和警告。

当系统有产生报警或警告时，会在此位置分别以红色和橙色文字闪烁，以提醒用户注意当前 ECDIS 的状态。用光标单击闪烁的项时，将会停止报警或警告。而边上的 工具可以使用户查看报警或警告历史。

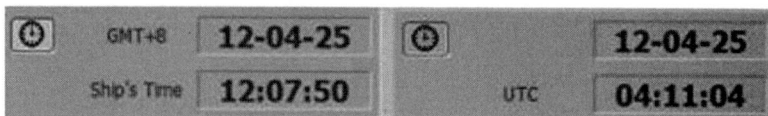

功能：显示日期和时间。

 图标用以切换船时/世界协调时，默认时间为船舶所在时区的船时（Ships Time）。

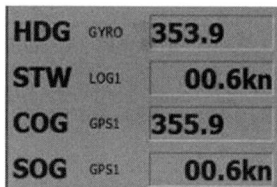

功能：基本信息。

HDG：船首向，GYRO 表示来自罗经。

STW：对水速度，LOG1 表示来自计程仪。

COG：对地航向，GPS1 表示来自 GPS。

SOG：对地速度，GPS1 表示来自 GPS。

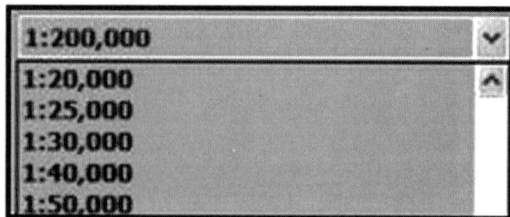

功能：比例尺选择。

点击选中比例尺，海图显示区以相应的比例尺显示。

（2）其他信息栏。

分别为 EBL/VRM 电子方位线/活动距标圈、Environment Data 环境信息、Predictor 航迹预测、Route Data 航路信息、Radar Settings 雷达设置、Ship Dynamic 本船动态信息、Simulation。

①EBL/VRM。

功能：提供电子方位线/活动距标圈。

EBL1/ EBL1 为电子方位线，VRM1/ VRM1 为活动距标圈，共两组。并有两种方式使用 EBL/VRM：

一种方式是以本船为 VRM/EBL 的中心或没量始点，这个时候测量的是本船与物标之间的方位与距离。

另一种方式是 VRM/EBL 的中心不在本船，而是任意指定位置，这个时候可以测量选中点与其他物标之间的距离。如图 2-1-9 的所示。

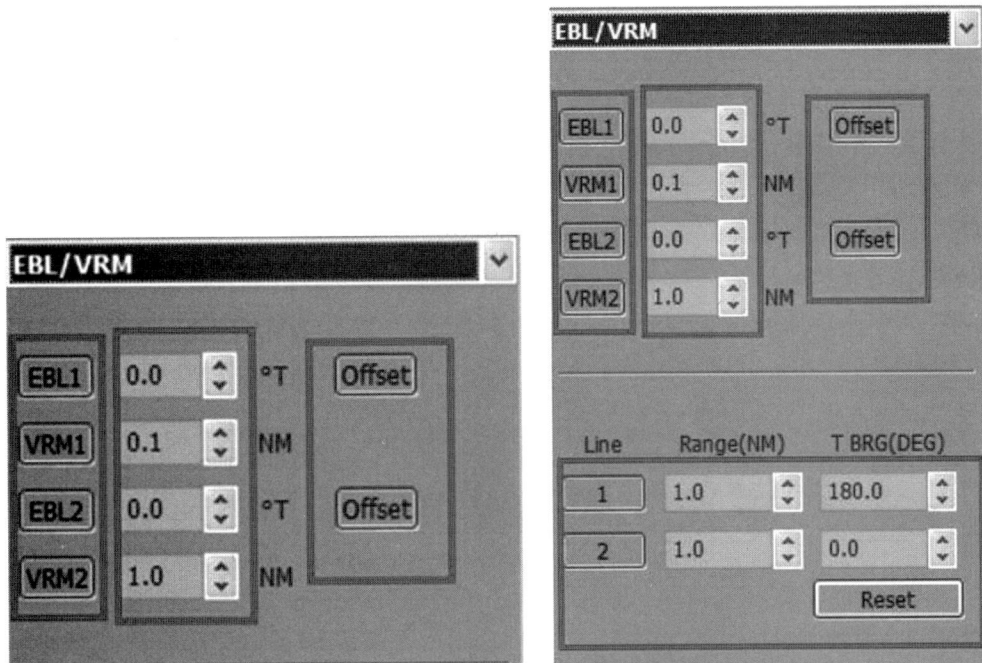

图 2-1-9　电子方位线与活动距标圈

EBL/VRM 窗口的下半部分有两条平行线功能，此处设计了平行避险线 1、2 为两条线的开关，可分别或同时打开，如果当前状态是开启状态则再次点击会关闭这组线；后部的编辑框可键盘输入也可鼠标点击移动线的角度和与本船的距离，输入单位为度，保留到小数点后一位，距离单位为海里，精确到小数点后两位；"Reset"点击后使平行避险线与船首线平行。

②Environment Data 环境信息。

功能： 环境信息从上至下依次为：

【Current Speed（Kn）】：流速

【Current Dir（deg）】：流向

【Rel Wind（m/s）】：相对风速

【True wind（m/s）】：真风速

【Rel winddir（deg）】：相对风向

【True winddir（deg）】：真风向

【Wave dir（deg）】：海浪的方向

【Wave height（m）】：浪高

【Wave Period（s）】：波浪的周期

【Water Depth】：水深，如图 2-1-10 所示。

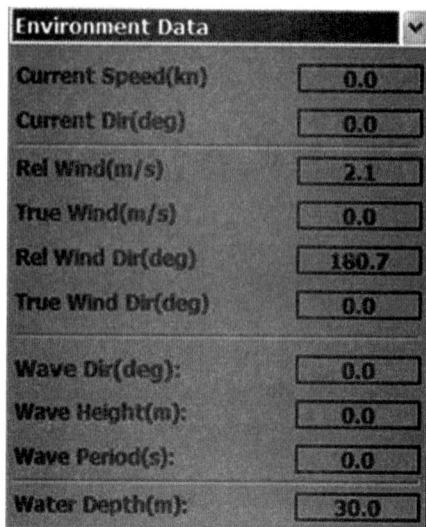

图 2-1-10　模拟航行的环境参数

③Predictor 预测航迹。

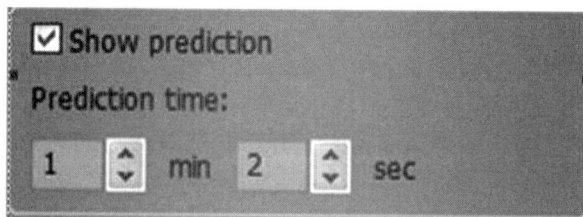

图 2-1-11　航迹预测功能

功能：图 2-1-11 中可显示设定时间后本船的预测位置，点击【show prediction】时将显示经过【prediction time】时间后本船位置（本船预测位置以蓝色船型表示）。

④Route Data 航路信息。

图 2-1-12　航路信息

功能：图 2-1-12 航路信息从上至下依次为：

【Route】：航路名称

【To WPT】：下一个转向点

【BWW】：上一个转向点到下一个转向点的方位

【XTD】：偏航距离

【BTW】：本船到下一个转向点的方位

【DTW】：本船到下一个转向点的距离

【ETA】：预计本船到下一个转向点的时刻

【TTG】：预计到下一转向点航行时间

⑤Radar Settings 雷达设置。

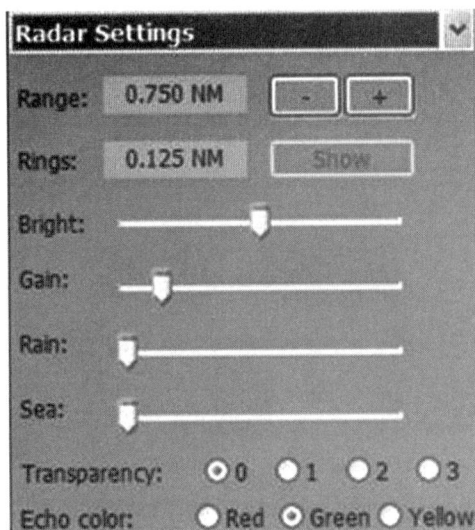

图 2-1-13　RADAR 控制按钮

功能：图 2-1-13 从上至下依次为：

【Range】：量程增减

【Ring】：固定圈间距，以及显示开关【show】

【Bright】：亮度

【Gain】：增益

【Rain】：雨雪干扰抑制

【Sea】：海浪抑制

【Transparency】：包括量程设置范围 0.250~96.000 海里步长成两倍增加；固定距标圈宽度为 1/6 量程，"Show" 为海图上雷达回波叠加开关；海图上叠加的雷达回波透明度设置；"Overlay" 为雷达回波叠加开关；

【Echo color】：回波颜色选择红，绿、黄。雷达叠加显示如图 2-1-14 所示。

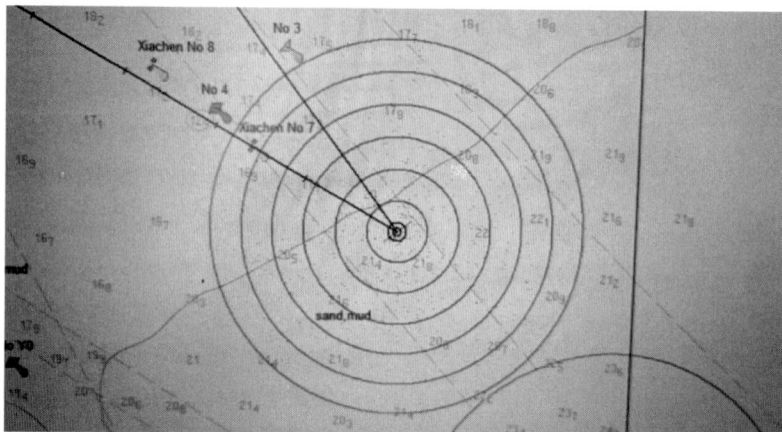

图 2-1-14　叠加 RADAR 回波

⑥Ship Dynamic 本船动态信息。

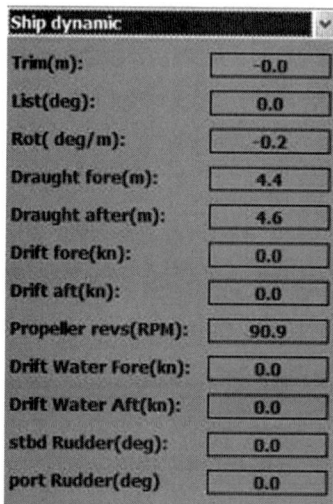

图 2-1-15　本船动态信息

功能：图 2-1-15 中从上至下依次为：

【Trim】：吃水差

【List】：倾斜度

【Rot（Deg/m）】：转头率

【Draught Fore（m）】：首吃水

【Draught Aft（m）】：尾吃水

【Drift Fore（Kn）】：船首漂移

【Drift Aft（Kn）】：船尾漂移

【Propeller revs（RPM）】：主机转速

【DriftWater Fore（Kn）】：船首对水漂移

【DriftWater Aft（Kn）】：船尾对水漂移

【Stbd Rudder（deg）】：右舵角度数

【Port Rudder（deg）】：左舵角度数

⑦Simulation 模拟操船。

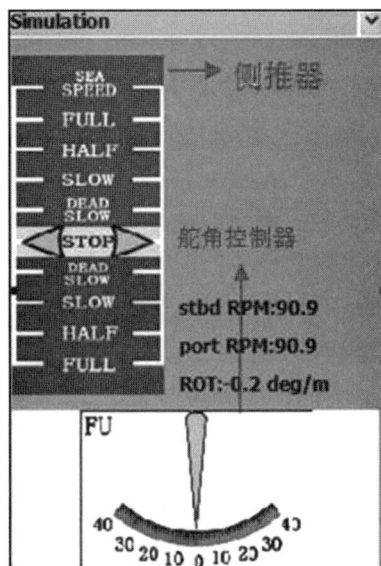

图 2-1-16　模拟车钟和舵

功能：车舵控制，单次点击移动，再点击设置完成。图 2-1-16 中的 stbd/port RPM：
90.0 表示当前主机转速，ROT：-0.2 deg/m 表示船头旋转率为左向 0.2 度/分。

⑧设定矢量时间。

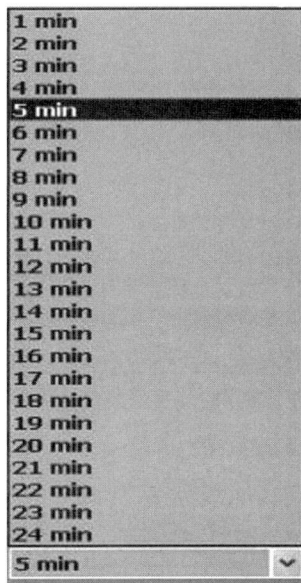

功能：在 ECDIS 右侧信息栏底部有本船和目标船的速度矢量长度设置项。速度矢量是用时间来描述的，矢量时间从 1min~24min。

⑨显示海图水深单位和制图坐标系。

Depth in Metres   WGS-84

功能：系统将自动读取所加载海图所采用的坐标系。

4. 底部常用功能菜单

在 MTI-ECDIS 底部是 ECDIS 模拟器的主要功能菜单区，如图 2-1-17 所示。

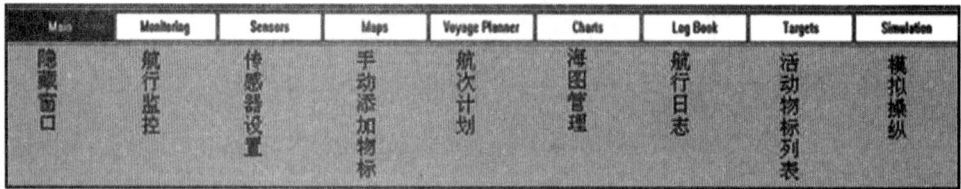

图 2-1-17　底部常用功能菜单

（1）Main（隐藏窗口）。

底部功能菜单弹出使用的时候，会缩小海图显示区内的操作，如查询物标、分析的航行水域内的海图资料、分析航线周围的助航物或碍航物，这个时候只需要点击 MAIN 即可快捷的关闭底部的功能菜单栏。

（2）Monitor（航行监控）。

Monitoring 模块：分为三个部分 Route Monitoring（航线监控），Safety Alarms（安全警报），Navigational Alarms（航行警报）。

1）Route Monitoring（航线监控）：

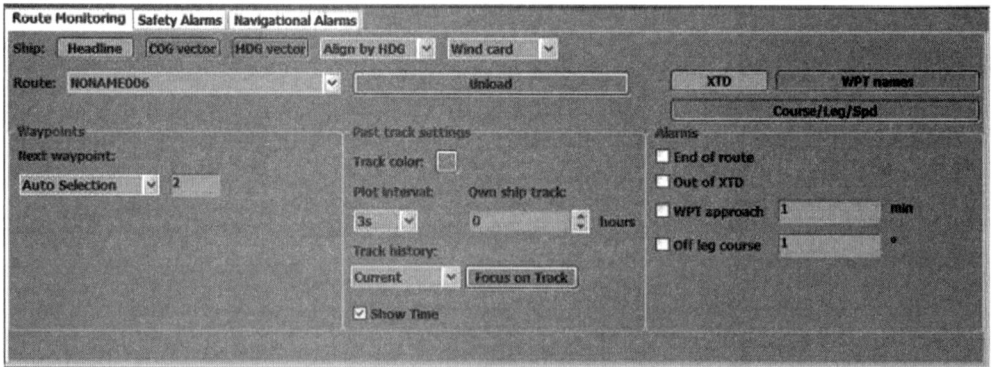

图 2-1-18　调用航线进行航线监控及设置面板

Ship 本船显示内容。

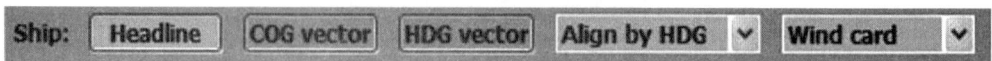

图 2-1-19　本船显示内容

①船首线。

功能：点击后显示船首线（始终延伸到屏幕外边缘）。

船首线显示如图 2-1-20：

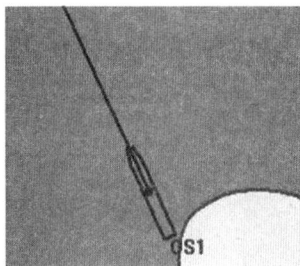

图 2-1-20 船首线

②对地航向矢量。

功能：海图中将显示出本船的对地航向矢量带双箭头。

对地航向矢量显示如图 2-1-21：

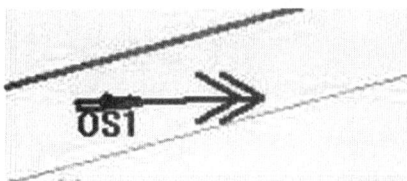

图 2-1-21 对地航向矢量线

③船首向矢量。

功能：海图中将显示出本船的船首向矢量带单箭头。

船首向矢量显示如图 2-1-22 所示：

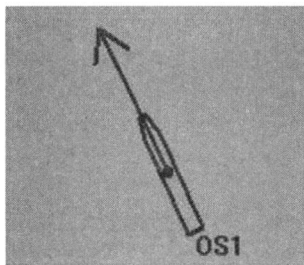

图 2-1-22 船首向矢量

④Align by COG 按对地航向对中、Align by HDG 按船首向对中。

功能： 显示按船首向对中、显示按对地航向对中。

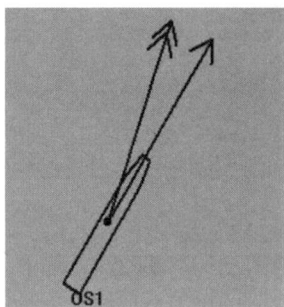

图 2-1-23　船首向对中显示图

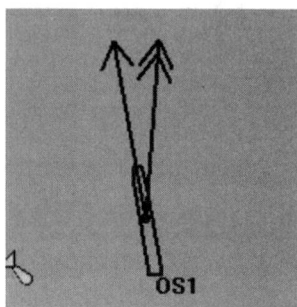

图 2-1-24　对地航向对中显示

⑤Wind vector 风矢量、Wind card 风花、No wind 无风。

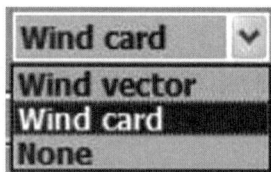

图 2-1-25　风矢量、风花、无风

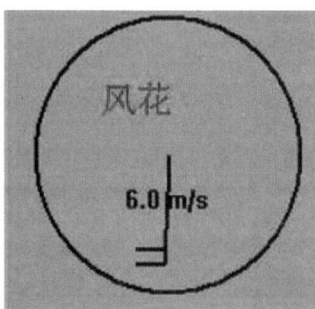

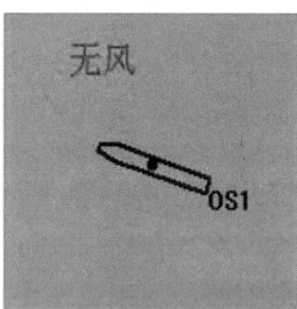

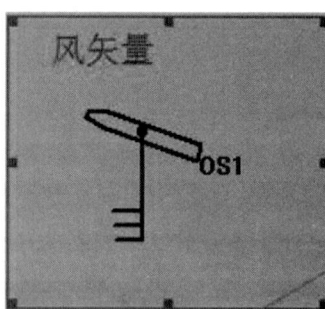

图 2-1-26　风矢量、风花、无风效果图

⑥Route 航线。

图 2-1-27　航线

⑦航线监控。

图 2-1-28 调用航线进行航线监控

功能：单击下拉菜单，在下拉菜单中将出现系统中设计好并保存的航线，选择需要的航线，海图中即呈现该航线。

注意：在调入航线之前请确保该航线已经在"voyager planner"菜单中编辑设计好并已保存。

route 航线监控显示如图 2-1-29 所示：（航线为红色）。

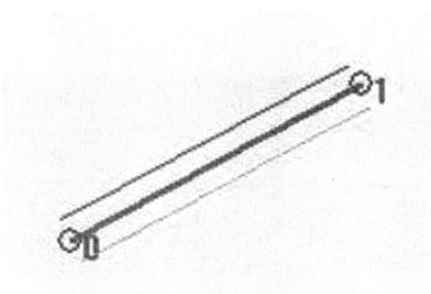

图 2-1-29 正在被监控的红色航线

⑧卸载。

图 2-1-30 卸载

功能：取消航线监控，恢复默认状态。

卸载航线显示如图 2-1-31 所示：

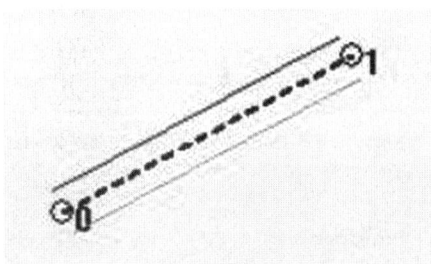

图 2-1-31 卸载航线默认成编辑的蓝色状态

⑨Waypoints 转向点。

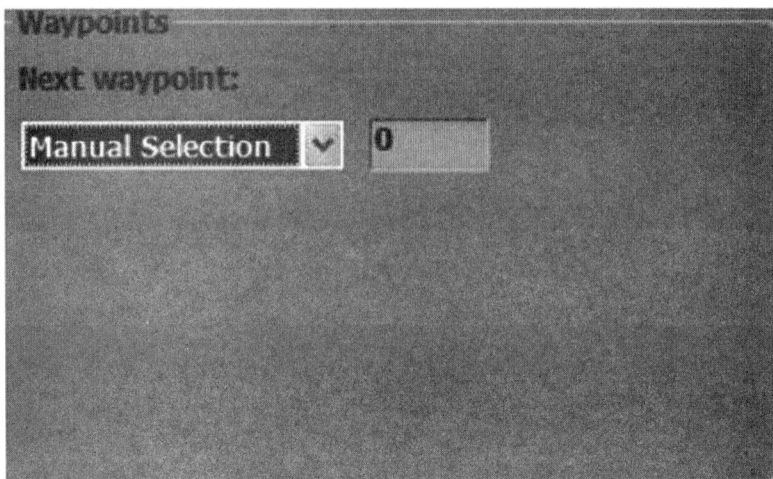

图 2-1-32 转向点

⑩下一个转向点。

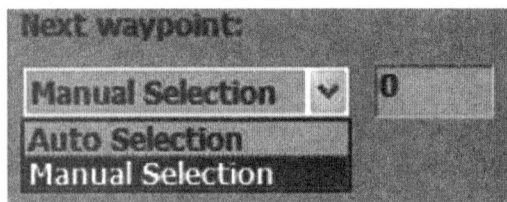

图 2-1-33 下一个转向点

功能：Next waypoint 显示下一个转向点、Auto selection 自动选择 Past track settings 历史航迹设置。

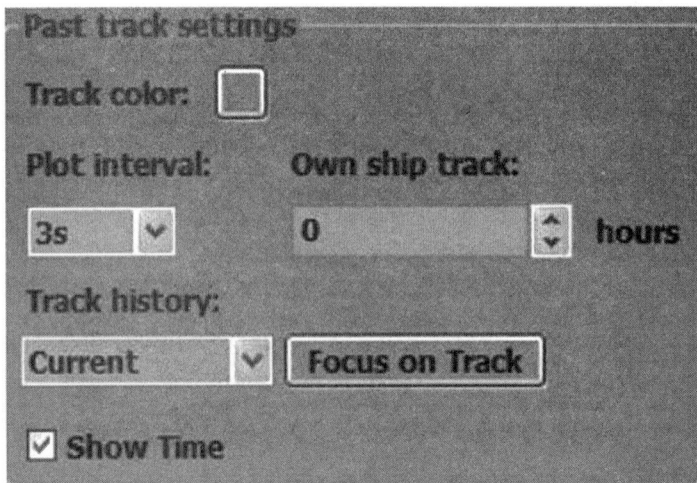

图 2-1-34 历史轨迹设置

⑪航迹颜色。

图 2-1-35　航迹颜色

功能：点击■按钮，弹出颜色框可选择航迹颜色，点击确定即可。

航迹颜色显示如图 2-1-36 所示。

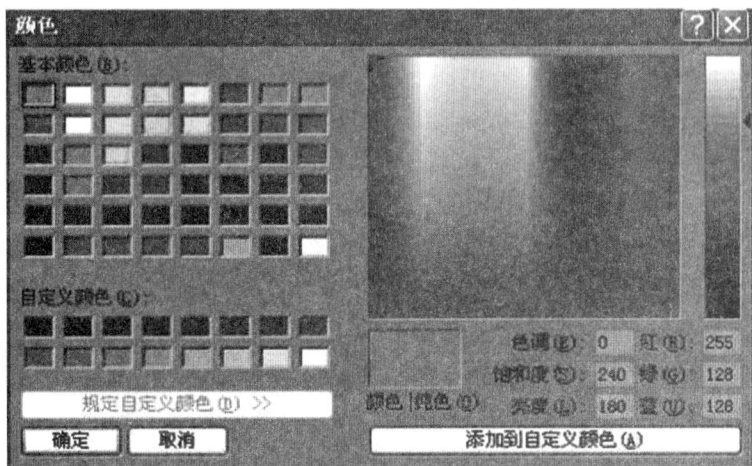

图 2-1-36　航迹颜色自定义设置窗口

⑫曲线间隔。

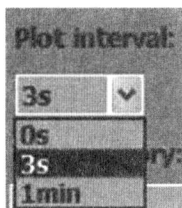

图 2-1-37　历史船位间隔设置

功能显示如图 2-1-38 所示：

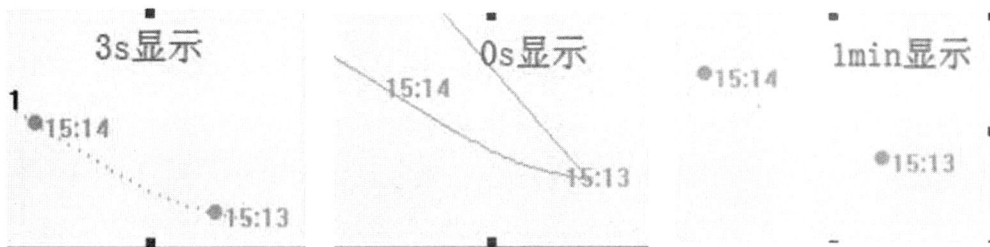

图 2-1-38　船位间隔显示效果

⑬本船航迹。

图 2-1-39　本船航迹间隔设置

功能：可键盘输入或鼠标点击或鼠标中建滚动，显示本船航行几小时前的航迹。（24 小时制）

⑭历史航迹。

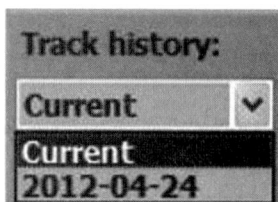

图 2-1-40　历史航迹

功能：点击 **Current** 为显示当前航迹，点击 **2012-04-24** 为显示历史航迹。

⑮居中显示航迹。

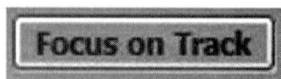

图 2-1-41　居中显示航迹

功能：在海图中居中显示航迹。

⑯居中显示航迹，如图 2-1-42 所示。

图 2-1-42　居中显示航迹

⑰显示航迹时间。

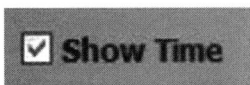

图 2-1-43　显示航迹时间标志

功能：勾选则显示航迹时间，反之不显示。

显示航迹时间如图 2-1-44 所示：

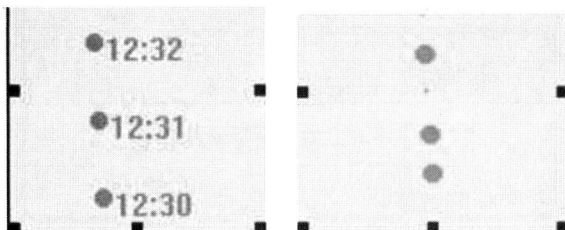

图 2-1-44　显示航迹时间标志

⑱依次为航迹偏移量、转向点名称、航向/航程/计划航速。

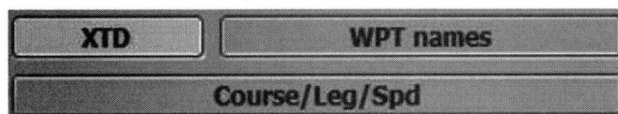

图 2-1-45　航线标注显示开关

功能：点击三按钮，可以将航向偏航距离，转向点名称和航向、航程、计划航速一同呈现于海图中。

航迹偏移量、转向点名称、航向/航程/计划航速显示如图 2-1-46 所示：

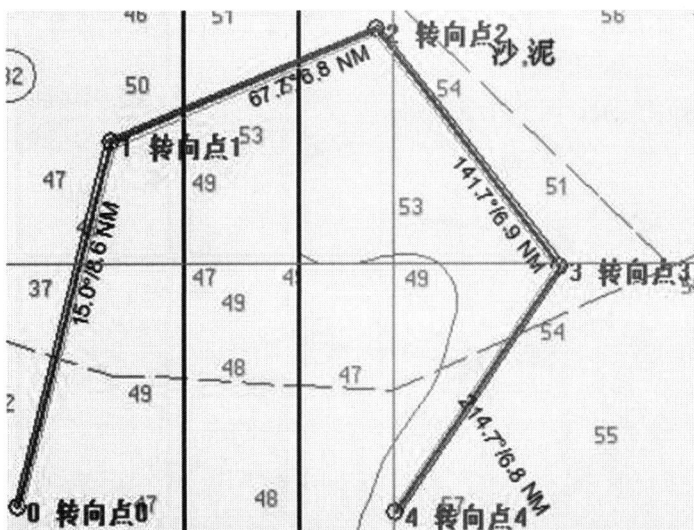

图 2-1-46　航线标注显示效果

2) Safety Alarms（安全警报）：

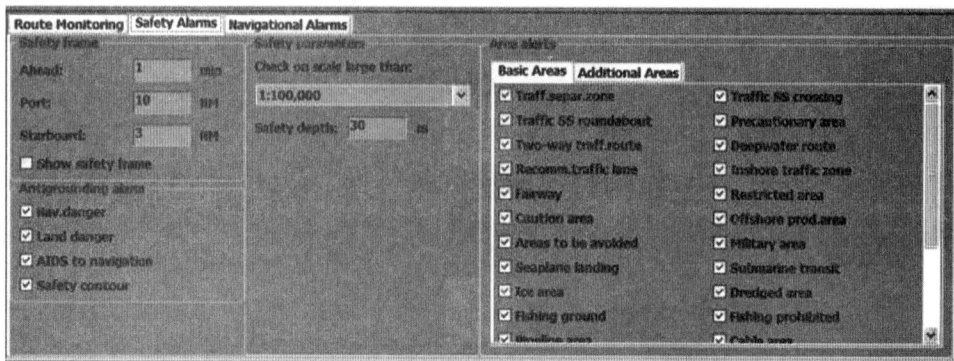

图 2-1-47 安全报警设置界面

①Safety frame 本船安全检测范围框。

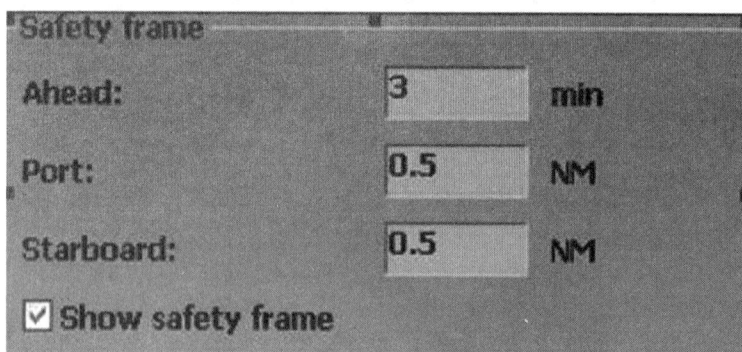

图 2-1-48 安全检测范围框

功能：在该区域为航向中的本船提供一安全检测范围框，该区域的构成主要由三部分组成：船首方向、本船左、右舷；当各种设置的警报（这些警报设置参考避浅警报）被触发时，系统将出现相应的报警。

安全检测范围框显示如图 2-1-49 所示：

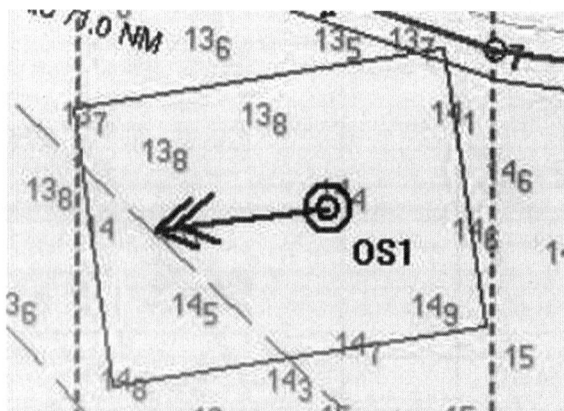

图 2-1-49 安全检测范围框显示效果

②Anti-grounding alarm 避浅警报。

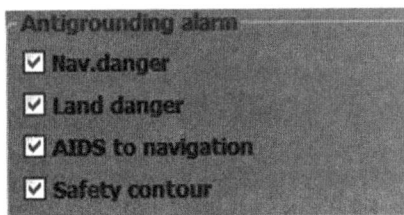

图 2-1-50 避浅报警设置界面

功能：依次为航行危险、陆地危险、助航物报警、安全等深线。该功能必须在"Safety Frame"功能开启时才能生效。当所设置的安全边框区域穿越以上四种警报所存在的区域时即出现警报。

③Safety parameters 安全参数。

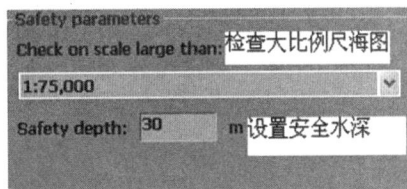

图 2-1-51 安全参数设置窗口

功能：该区域中系统将提供手动检查海图最大比例尺功能和设置安全水深功能。

④Area alerts 区域警报。

功能：分为 Basic Areas 主要区域、Additional Areas 附加区域，系统提供总共提供 44 种警报设置，该部分警报功能必须和"safety frame"结合使用。

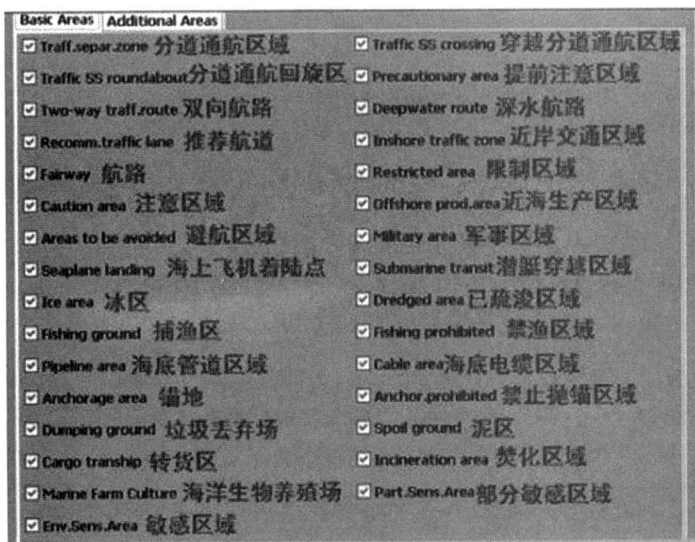

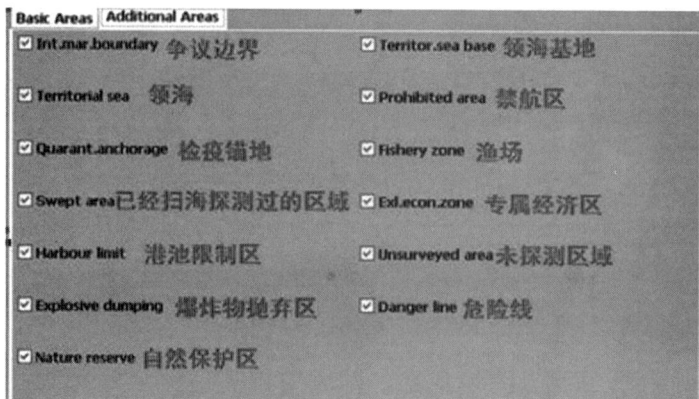

图 2-1-52　本船穿越区域所获设置

3）Navigational Alarms（航行警报）：

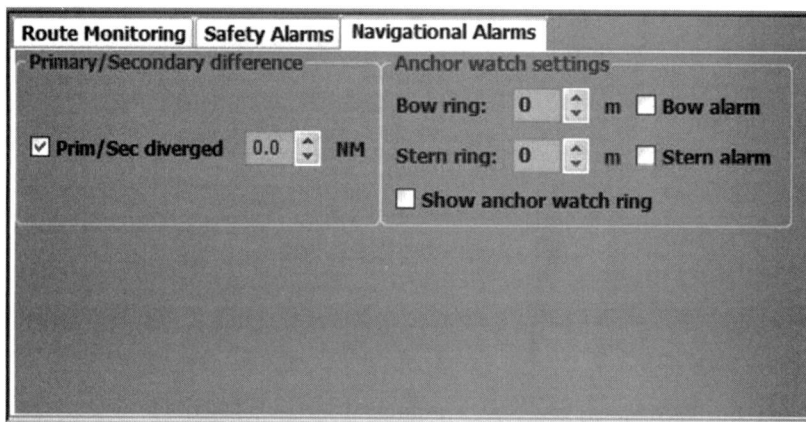

图 2-1-53　航行参数检测报警设置窗口

①Primary/Secondary difference 主要/次要船位差设置。

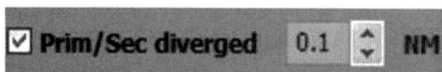

图 2-1-54　主要/次要船位差设置

功能：设置船位差别为 0.1 出现 Big Divergence 报警。

如图 2-1-55 所示：dist 为 0.37nm，所以出现警报。

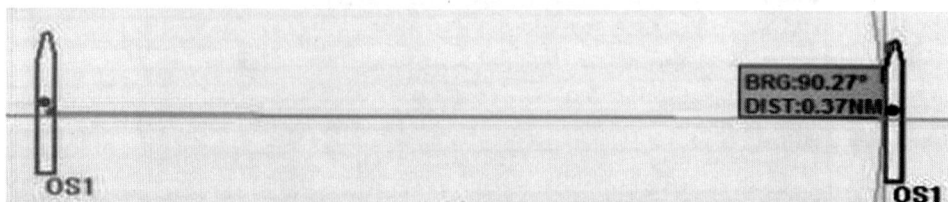

图 2-1-55　主要/次要位置差显示效果

②Anchor watch settings 锚班设置。

功能：Bow ring 表示船首铃飘荡的范围设定值，当本船抛锚后，船舶飘荡超过设定值时，出现警报。（Stem ring 表示船尾的，同上）Show anchor watch ring 显示锚更铃。

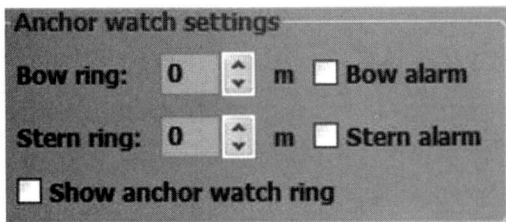

图 2-1-56 锚班设置

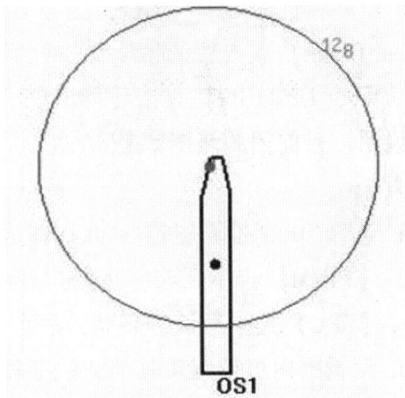

图 2-1-57 锚班设置显示效果

（3）Sensor（传感器设置）。

SENSOR 菜单为系统设计提供的多种定位方式：

1）ship position 船位信息：

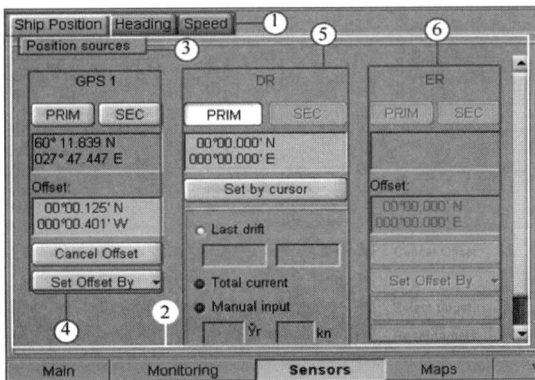

图 2-1-58 船位信息设置界面

①标题栏：ship position（船位）、Heading（船首向）、Speed（船速）。

②菜单内容框。

③标题：位置源信息。

④GPS 位置源信息。

⑤推算船位信息。

⑥物标参考船位信息。

"GPS1 船位信息"使用方法：

a. 选择 GPS1 位置源信息；

b. 选择【PRIM】选中后该键高亮，表示当前的主要位置源为 GPS1；

c. 选择【SEC】选中后该键高亮，表示将 GPS1 设定为当前的次要位置源；

d. 不可编辑框内显示 GPS1 的位置信息；

e【Offset】为海图与 GPS1 坐标系误差的偏置修正，修正值在下面可编辑框内输入，【Cancel Offset】点击后消除偏置；

f.【Set Offset By】点击后可出现下拉框可选择其他设置偏置的方法（如用鼠标）

说明：目前用的海图都是 wgs84 标准海图，所以 offset 默认为 0，0 "推算船位信息"使用方法：

a. 选择 DR（推算船位 dead rekoning）位置源信息；

b.【PRIM】选中后该键高亮，表示当前的主要位置源为推算船位；

c.【SEC】选中后该键高亮，表示将推算船位设定为当前的次要位置源；

d. 编辑框内可键入用其他方法获得的较准确的船位，即重新调整船位；（手动输入当前起始点船位或者鼠标移动）

e.【Set By Cursor】点击后可用鼠标重新调整船位；

f.【Last drift】点亮后，表明航迹推算将使用在系统中设置的流向流速；

g.【Manual input】点亮后，可人工键入航迹推算将使用流向、流速。

"物标参考船位信息"使用方法：

a. 选择 ER（物标参考船位）位置源信息；

b. 选择【PRIM】选中后该键高亮，表示当前的主要位置源为物标参考船位；

c. 在 ARPA 开启的情况下并且点击【Select targets】后，该编辑框内将显示船位（实际是物标的位置）；

d.【Offset】可键入或点击【Set Offset By】输入（输入置位为本船与物标船的位置偏差，输入后 c 中显示的位置将修正为本船的船位）；

e.【Cancel Offset】点击后将删除偏差修正；

f.【Reset targets】点击后将撤销选中的参照物标。

2）船艏向：

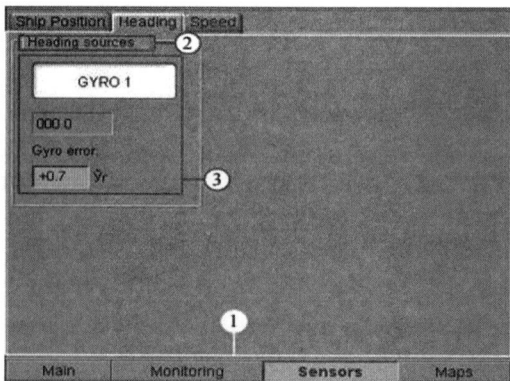

图 2-1-59　船首向信息源设置

①点击"Heading"将出现黄色框中的内容。

②船首向信号源标题。

③a.【GYRO1】点击后高亮，表示船首向信号来自 GYRO1（目前该版本的系统仅模拟一陀螺罗经）；b. 不可编辑框显示选择罗经的船首向；c. 罗经差可键入或鼠标滚动输入。

注意：可以输入罗经差，这里经过罗经差修订后，船首向将发生变化，既要修改本船 heading！

3) Speed 速度信息源：

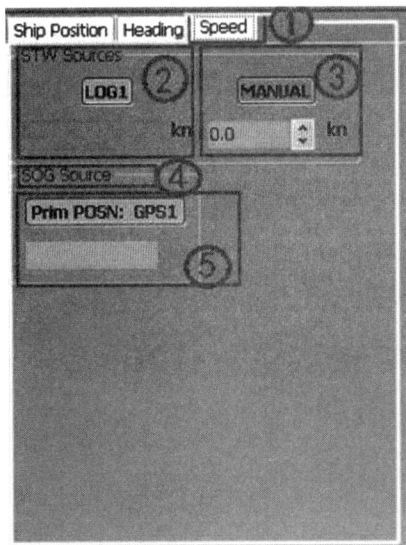

图 2-1-60　速度信息源设置界面

①点击"Speed"将出现黄色框中的内容。

②为对水速度信号源（来自计程仪）：【LOG1】为计程仪对水速度，点击后高亮，下方不可编辑框显示当前计程仪对水速度。

③为对水速度信号源（来自手动输入）：【MANUAL】为人工输入速度，点击后高亮，下方可编辑框可输入速度值。

注意：这些将改变本船的对水速度。

④对地速度信号源标题。

⑤为主要电子定位传感设备 GPS 计算的对地速度，选中后高亮。

（4）Maps（手动添加物标）。

Maps 的功能是提供给用户在海图上添加、编辑、移动、删除航标等各类符号。

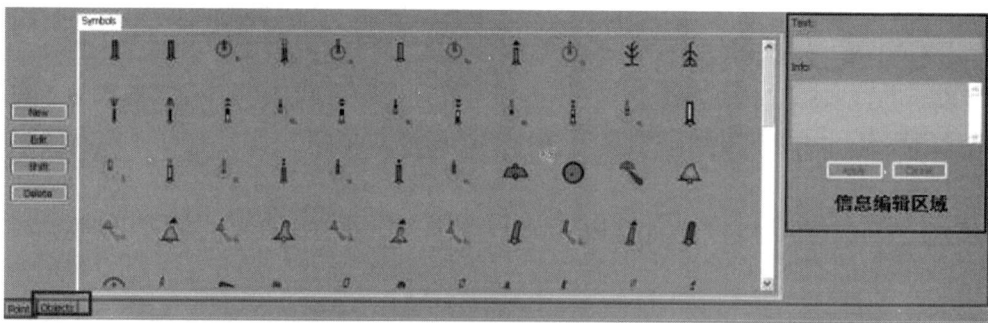

图 2-1-61　Maps 窗口

◆模块信息介绍：

在 Maps 中主要包含两部分内容，一个名为"point"的页面，一个名为"objects"页面。

1）point：

在该页面中，系统提供各种各样用户可能用到的图标供编辑，统一放置于"symbols"中。另外，系统还提供四个编辑按钮：

New 添加新图标按钮；

Edit 编辑按钮；

Shift 移动按钮；

Delete 删除按钮。

在页面的右边区域为"信息编辑区域"，用户可以在选择【EDIT】之后在该区域对图标进行编辑添加各种重要的信息。

2）objects：

系统将会把当前用户所添加的所有图标的详细信息罗列于此。如图 2-1-62 所示：

Text	Latitude	Longitude	Modified	Build	Info
	024°29.244'N	118°04.080'E	2012-03-29 11:1...	2012-03-29 11:1...	
	024°28.608'N	118°04.260'E	2012-03-30 20:3...	2012-03-30 20:3...	
	024°21.906'N	118°18.720'E	2012-04-13 16:2...	2012-04-13 16:2...	
	023°01.692'N	117°56.640'E	2012-04-13 16:4...	2012-04-13 16:4...	
12	022°53.064'N	117°59.400'E	2012-04-13 16:4...	2012-04-13 16:4...	333
	024°21.942'N	118°10.080'E	2012-04-20 06:1...	2012-04-20 06:1...	
	000°00.000'N	000°00.000'E	2012-04-21 06:0...	2012-04-21 06:0...	
	000°00.000'N	000°00.000'E	2012-04-21 06:0...	2012-04-21 06:0...	

图 2-1-62　Maps 查询

选中其中一栏，鼠标单击之后，海图区域将会自动跳动至该图标所在的海图区域。

◆操作介绍：

①新添加一图标：在"symbols"中选中需要添加的图标，按 **New** ，此时光标将

自动跳至海图区域中心 ，鼠标移动至所要放置的位置，单击左键确定。

②编辑图标：点击 Edit ，在海图区域鼠标将会出现"回"形状，将"回"鼠标移动至需要编辑的图标上，点击左键，即选中该图标，然后在"信息编辑区域"键入需要添加的信息，点击 Apply 即可，此时"TEXT"框里面的内容就将同时出现在海图上。若要取消，则点击 Cancel 即可。

③移动图标：点击 Shift ，在海图区域鼠标将会出现"回"形状，将"回"鼠标移动至需要编辑的图标上，点击左键，即选中该图标，此时海图图标处将出现"距离"和"方位"信息，待确认之后，鼠标点击左键即可。

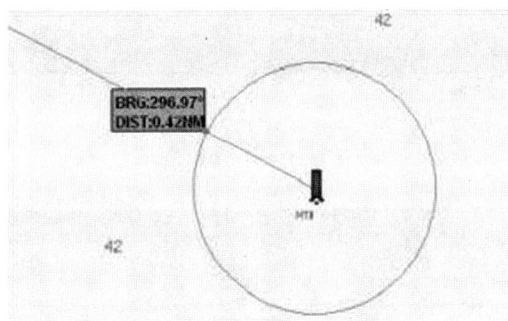

图 2-1-63　移动图标

④删除图标：点击 Delete ，在海图区域鼠标将会出现"回"形状，将"回"鼠标移动至需要编辑的图标上，点击左键，即选中该图标即可删除该图标。

⑤图标信息查询：选择"objects"页面，所有用户手动添加的图标信息将呈现于此。这些信息包括图标名"text"、经纬度、添加的时间，修改的时间等等，供用户查询。

（5）Voyage Planner（航行计划）。

航行计划设计界面如图 2-1-64 所示，航线设计、航次计划表航线设计模式与航行监控模式切换、用地理坐标移至某海区、移动光标切换海区并返回本船位置、基于系统数据库或其他纸质资料研究水文气象等航线设计相关数据、设定安全偏航距离参数、利用光标或必要时调出航线表输入、添加、移动和删除转向点、根据本船旋回性能输入施舵点并必要时调出计划表修改、合并已存在的多条航线作为一条新的航线、航线的反向使用以及对航线进行安全检查等功能。

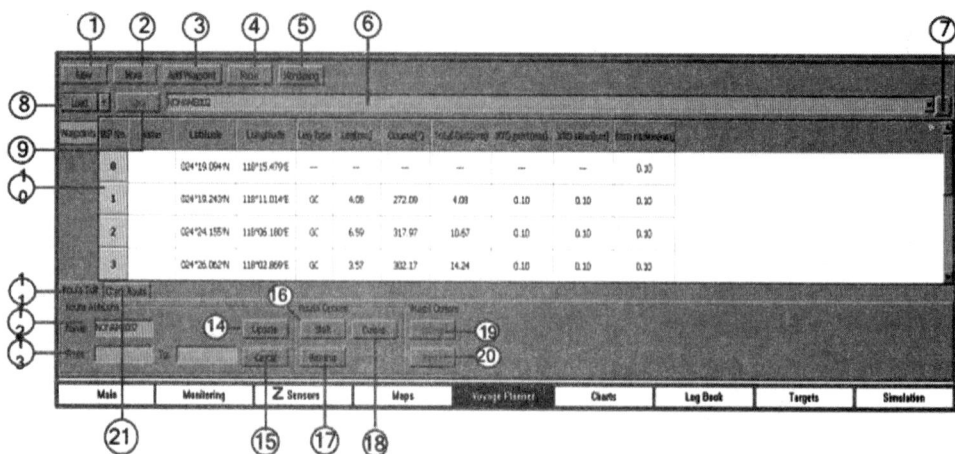

图 2-1-64 航线设计窗口 1

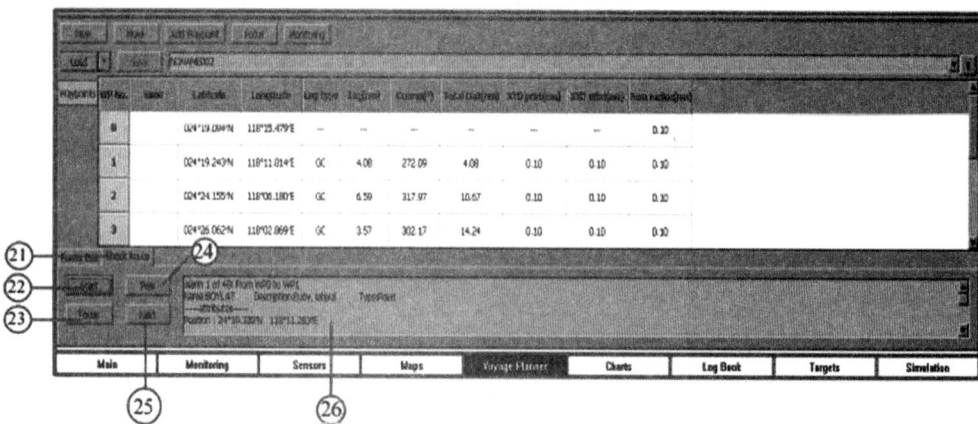

图 2-1-65 航线设计窗口 2

表 2-1-2 航线设计窗口功能索引

代号	功能	操作
①	新建航线	左键单击该按钮后：鼠标焦点自动跳到海图区并变为十字线，使用鼠标左键增加航路点，单击鼠标右停止增加并且鼠标退出海图焦点
②	海图上移动编辑一个转向点位置	左键单击该按钮后，鼠标焦点自动跳到海图区并变为红色回字图标：首先将图标移至对应转向点，然后单击左键选中，如果鼠标没选在转向点上而是选在两个转向点之间的航线上，则此时选中的是两个转向点中序号大的，此时移动鼠标即可移动转向点位置，移动好后，单击左键确定移动，或单击右键取消移动，重复操作可移动多个转向点，最后单击右键退出移动转向点

续表

代号	功能	操作
③	图上添加转向点	左键单击该按钮后，鼠标焦点自动跳到海图区并变为红色回字图标：①在两个转向点之间的航线上单击鼠标左键，则在两个转向点之间插入一个转向点；②鼠标左键单击首末转向点，则在起点或终点外新插入转向点；移动鼠标便移动新转向点的位置，移动好后，单击左键确定插入新转向点，或单击右键取消插入，最后单击右键退出插入转向点
④	全屏显示正选中的航线	左键单击该按钮，选中的航线自动全屏中心显示
⑤	监控当前航线	左键单击该按钮，开始对该航线进行航行监控
⑥	已加载的航线名列表	左键单击下拉列表，选择显示相应的航线的信息
⑦	卸载航线	卸载当前列表中选中航线
⑧	加载航线	左键单击下拉列表，选择加载已存的航线
⑨	保存航线	左键单击，保存航线更改
⑩	转向点列表	显示选中航线的所有转向点，鼠标双击相应表格，可编辑相应转向点信息
⑪	航线编辑属性页	左键单击，显示选中航线的信息
⑫	修改航线名	手动输入新航线名
⑬	修改航线起始地点	手动输入航线新起始地点
⑭	确定更新航线信息	左键单击该按钮，确定更新航线信息
⑮	取消更新航线信息	左键单击该按钮，取消更新航线信息，恢复显示更改前的航线信息
⑯	整体移动航线位置	左键单击该按钮，鼠标焦点自动跳到海图区中心并变为十字线，使用鼠标左键单击选择一个路点，然后拖动鼠标，就出现一个以所择的转向点为中心的活动距标圈，选择好航线偏移的方位与距离后，再次单击鼠标左键确认移动，或单击鼠标右键取消移动
⑰	航线反向	左键单击该按钮，选中航线的方向反向，即第一个转向点成最后个转向点
⑱	删除航线	左键单击该按钮，从系统中删除选中航线
⑲	删除转向点	删除表格中所选转向点
⑳	表中插入转向点	在表格中所选转向点之后插入一个新转向点
㉑	航线检测属性页	左键单击，显示航线检测操作界面
㉒	开始航线检测	左键单击该按钮，开始进行航线检测，在（26）中显示检测的结果信息
㉓	显示当前警告的部分航线	左键单击该按钮，中心显示当前警告的两转向点间的航线
㉔	查看前一条警告	左键单击该按钮，查看前一条警告，在（26）中显示

代号	功能	操作
㉕	查看后一条警告	左键单击该按钮，查看后一条警告，在（26）中显示
㉖	显示航线检测的信息	在该文件框中显示航线检测的信息

（6）Charts（海图管理）。

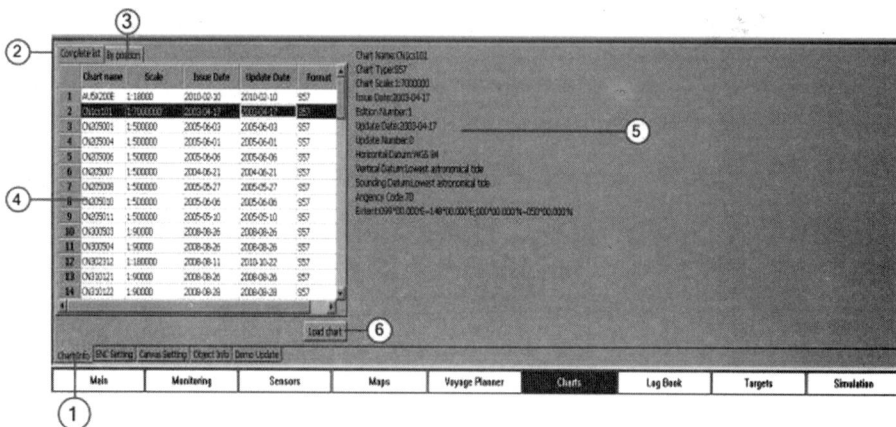

图 2-1-66　海图管理显示窗口（1）

表 2-1-3　海图管理显示窗口（1）功能索引

代号	功能	操作
①	海图信息页	左键单击该选项页，显示系统中所有海图信息
②	显示所有海图	左键单击该选项页，显示系统中所有海图列表
③	显示船位处海图	左键单击该选项页，显示船位处所含海图列表
④	海图列表	左键单击在海图列表选择海图，在（5）中显示该海图详细信息
⑤	显示海图信息	显示所选海图的详细信息
⑥	显示该海图	左键单击该按钮，在海图显示区显示该张海图

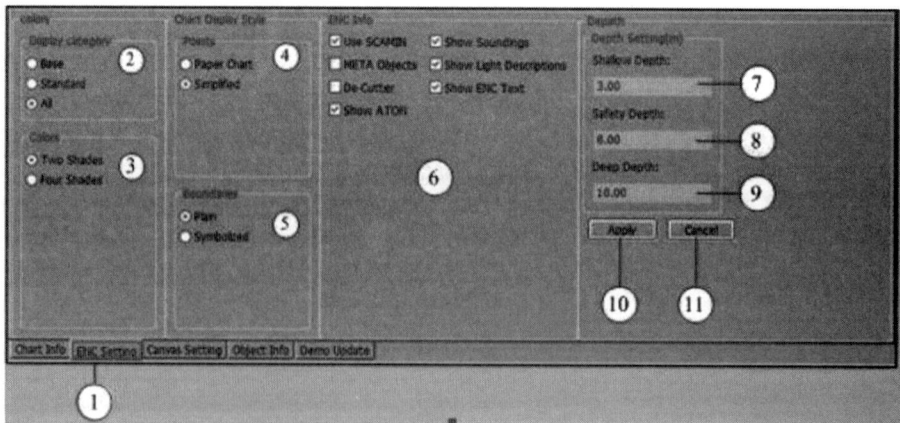

图 2-1-67　海图管理显示窗口（2）

表 2-1-4　海图管理显示窗口（2）功能索引

代号	功能	操作
①	海图显示信息设置页	左键单击该选项页，显示海图信息设置。
②	海图信息显示模式	左键单击该按钮，选择系统中海图显示模式：基本显示、标准显示、全部显示。
③	海图颜色显示模式	左键单击单选按钮，选择系统中海图颜色显示模式：双色、四色。
④	点物标显示模式	左键单击单选按钮，选择系统中点物标显示模式：传统、标准。
⑤	边界显示模式	左键单击单选按钮，选择系统中边界显示模式：简单、复杂。
⑥	海图信息选择	左键单击复选框，控制开启或关闭，海图信息选择包括以下几方面：仅显示重要文字、显示水深、显示元物标、显示灯标属性、去除杂物文本、显示海图文字、显示助航物标。
⑦	设置浅水水深	手动输入（单位：米）
⑧	设置安全水深	手动输入（单位：米）
⑨	设置深水水深	手动输入（单位：米）
⑩	应用水深设置	左键单击该按钮，应用水深设置。
⑪	取消水深设置	左键单击该按钮，取消水深设置并恢复到原先水深设置。

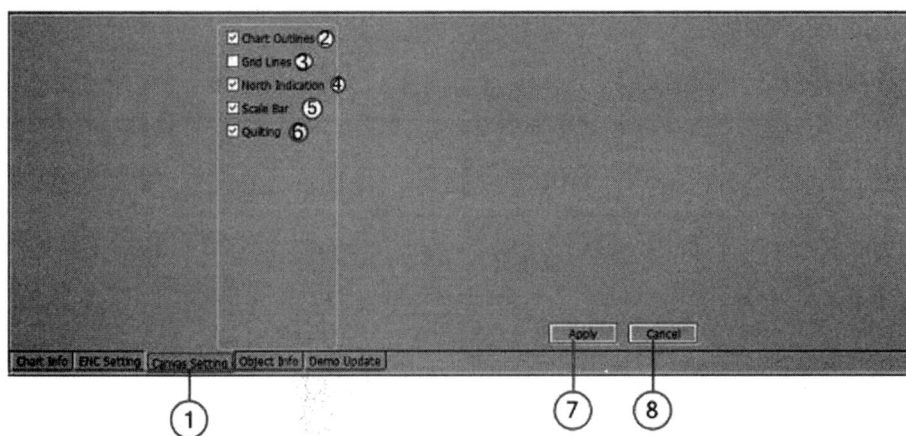

图 2-1-68　海图管理显示窗口（3）

表 2-1-5　海图管理显示窗口（3）功能索引

代号	功能	操作
①	海图显示控制设置页	左键单击该选项页，显示海图显示控制设置。
②	海图边框	左键单击复选框，控制开启或关闭每张海图边框的显示。
③	经纬线	左键单击复选框，控制开启或关闭经纬线网显示。
④	真北向	左键单击复选框，控制开启或关闭界面左上方真北向箭头显示。
⑤	比例尺	左键单击复选框，控制开启或关闭比例条显示。

续表

代号	功能	操作
⑥	海图拼接	左键单击复选框，控制开启或关闭海图拼接显示。
⑦	应用海图显示控制设置	左键单击该按钮，应用海图显示控制设置。
⑧	取消海图显示控制设置	左键单击该按钮，取消海图显示控制设置并恢复到原先海图显示控制设置。

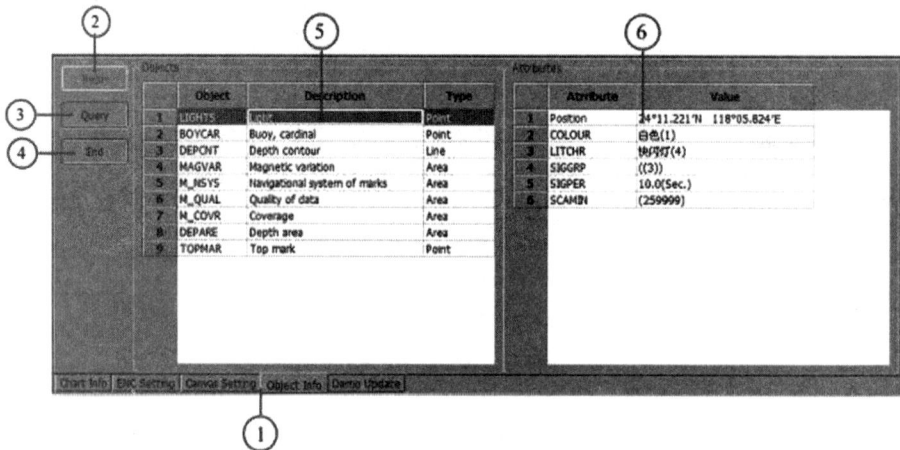

图 2-1-69　海图管理显示窗口（4）

表 2-1-6　海图管理显示窗口（4）功能索引

代号	功能	操作
①	海图查询页	左键单击该选项页，显示海图查询
②	开始查询	左键单击该按钮，开始海图查询，（3）查询按钮变为可用状态
③	查询	左键单击该按钮，鼠标焦点自动跳到海图区中心并变为十字线，此时便可使用鼠标进行。
④	结束查询	左键单击该按钮，结束海图查询，（3）查询按钮变为不可用状态。
⑤	物标列表	显示查询到的物标列表
⑥	物标详细信息	显示物标列表中选中物标的详细信息。

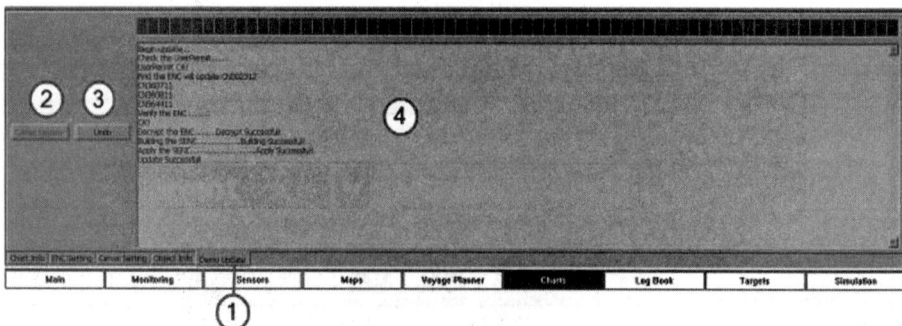

图 2-1-70　海图管理显示窗口（5）

表 2-1-7　海图管理显示窗口 (5) 功能索引

代号	功能	操作
①	海图升级页	左键单击该选项页，显示海图升级页面。
②	开始升级	左键单击该按钮，开始升级海图，同时在 (4) 中显示升级日志。
③	取消升级	左键单击该按钮，取消升级海图，同时在 (4) 中显示日志。
④	显示升级信息	显示升级的相关信息。

（7）Log Book（航行日志）。

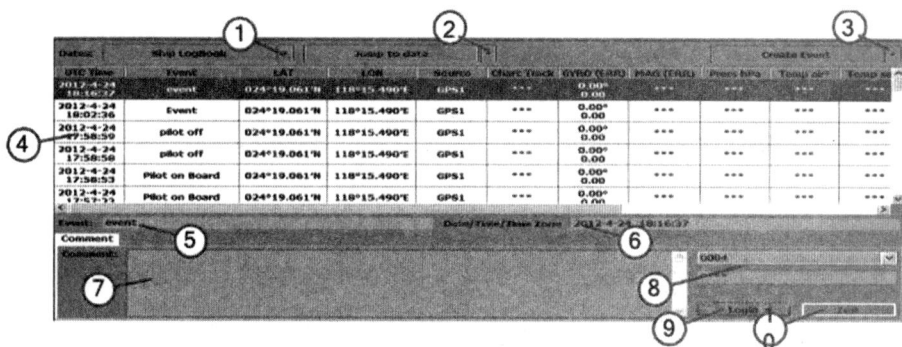

图 2-1-71　航海日志窗口

表 2-1-8　航海日志窗口索引

代号	功能	操作
①	选择某年某月船舶日志	左键单击该下拉列表，选择要查看某年某月的船舶日志。
②	选择某天船舶日志	左键单击该下拉列表，选择要查看某天的船舶日志。
③	选择事件类型	左键单击该下拉列表，选择要创建的事件类型。
④	船舶日志列表	按照①和②的设置，显示对应时间的船舶日志，每小时自动添加船位信息，除备注信息，其他都不能更改或删除并永久保存。
⑤	事件类型	显示④中所选中日志的事件类型。
⑥	时间	显示④中所选中日志的具体时间。
⑦	备注	显示④中所选中日志的备注信息。
⑧	用户名信息	下拉列表选择用户名并手动输入密码（本系统中密码与用户名相同）
⑨	登录与退出	1. 显示"Login"，左键单击该按钮，进行用户验证，成功后，"Login" 变为 "Log Out"。 2. 显示 "Log Out"，左键单击该按钮，退出登录，"Log Out" 变为 "Login"。
⑩	确认编辑	当⑨成功登入后才可用，当⑦中的信息更改后，左键单击该按钮，则保存⑦中的信息。

（8）Targets（活动物标列表）。

Targets 是一"目标信息列表"，在该菜单中将提供给用户详细的物标信息。如图 2-1-72所示，该菜单中总共包含 3 部分内容：

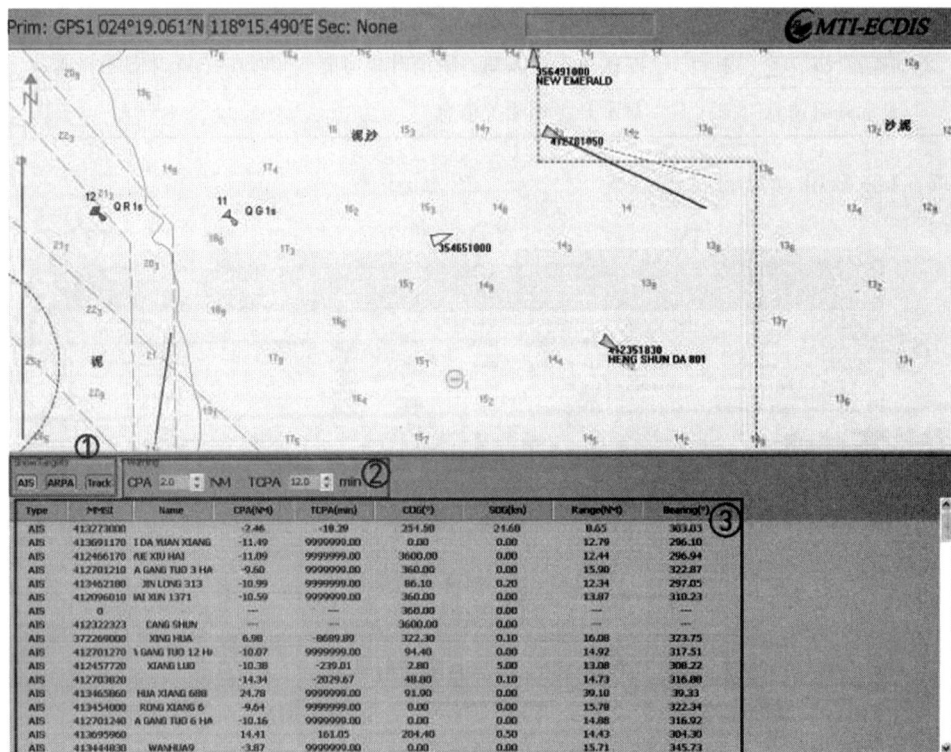

图 2-1-72　TARGET 窗口信息

① show targets：共有 2 种物标可供选择显示，它们分别是 AIS、ARPA，另外 TRACK 钮可用于显示目标的尾迹。

② WARNING 区域可供用户设置目标船的 CPA 和 TCPA 值。

③目标信息显示区域，提供目标的信息有：MMSI 码、名称、最小会遇距离、最小会遇距离时间、航迹向、对地航速、与本船的距离、相对本船的方位。

当用户需要查看某个目标船的信息或该目标船的位置时，只需鼠标点击相应目标船的信息一栏，海图区域将自动跳动至该目标船位置（模式选择 FM），如图 2-1-73 所示。

用户还可根据实际操作或练习的需要，设置 CPA 值和 TCPA 值的范围，当有目标船的这两个值等于或小于该设定值时，目标船处将呈现红色状态，如图 2-1-74 所示。

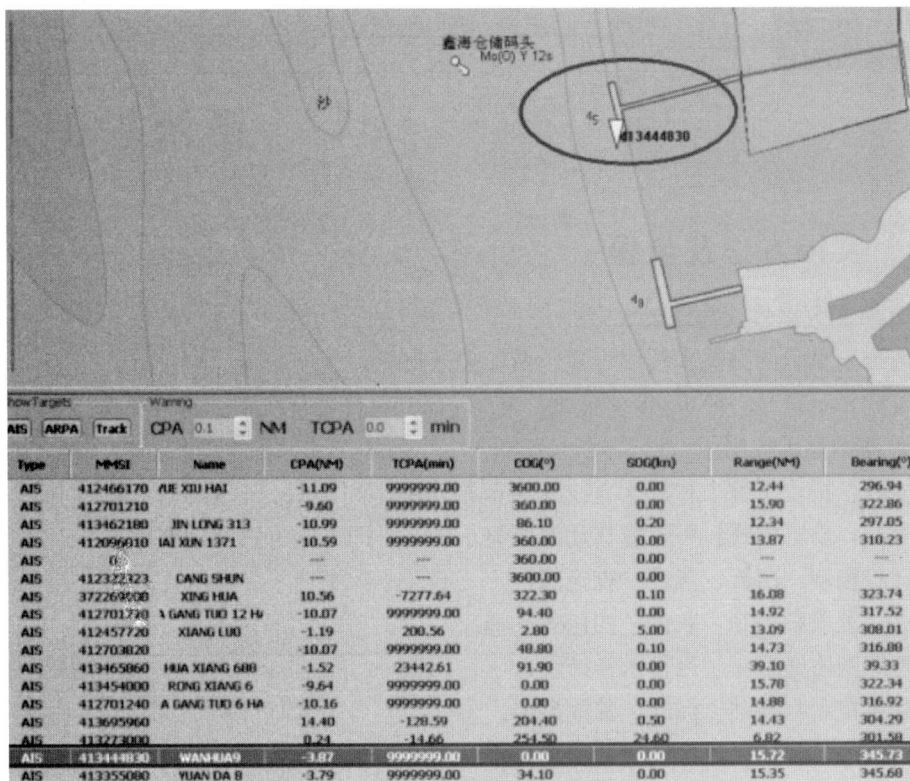

图 2-1-73　AIS/ARPA 目标列表

Type	MMSI	Name	CPA(NM)	TCPA(min)	COG(°)	SOG(kn)	Range(NM)	Bearing(°)
AIS	412466170	AUE XIU HAI	-11.09	9999999.00	3600.00	0.00	12.44	296.94
AIS	412701210		-9.60	9999999.00	360.00	0.00	15.90	322.86
AIS	413462180	JIN LONG 313	-10.99	9999999.00	86.10	0.20	12.34	297.05
AIS	412096010	IAI XUN 1371	-10.59	9999999.00	360.00	0.00	13.87	310.23
AIS	0				360.00	0.00		
AIS	412322323	CANG SHUN			3600.00	0.00		
AIS	372269000	XING HUA	10.56	-7277.64	322.30	0.10	16.08	323.74
AIS	412701270	A GANG TUO 12 H	-10.07	9999999.00	94.40	0.00	14.92	317.52
AIS	412457720	XIANG LUO	-1.19	200.56	2.80	5.00	13.09	308.01
AIS	412703020		-10.07	9999999.00	40.80	0.10	14.73	316.80
AIS	413465060	HUA XIANG 688	-1.52	23442.61	91.90	0.00	39.10	39.33
AIS	413454000	RONG XIANG 6	-9.64	9999999.00	0.00	0.00	15.78	322.34
AIS	412701240	A GANG TUO 6 HA	-10.16	9999999.00	0.00	0.00	14.88	316.92
AIS	413695960		14.40	-128.59	204.40	0.50	14.43	304.29
AIS	413273000		0.24	-14.66	254.50	24.60	6.82	301.58
AIS	413444830	WANHUA9	-3.87	9999999.00	0.00	0.00	15.72	345.73
AIS	413355080	YUAN DA 8	-3.79	9999999.00	34.10	0.00	15.35	345.60

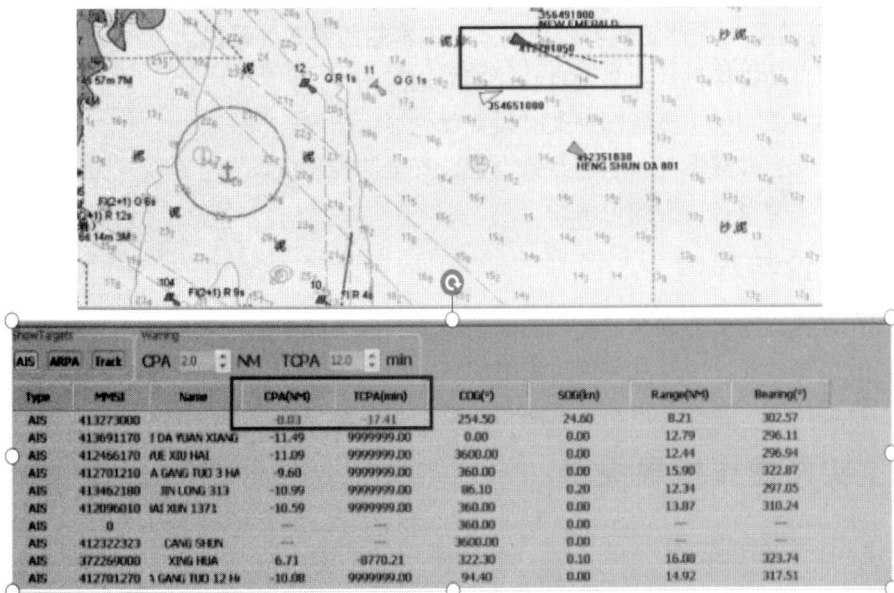

Type	MMSI	Name	CPA(NM)	TCPA(min)	COG(°)	SOG(kn)	Range(NM)	Bearing(°)
AIS	413273000		-0.03	-17.41	254.50	24.60	8.21	302.57
AIS	413691170	I DA YUAN XIANG	-11.49	9999999.00	0.00	0.00	12.79	296.11
AIS	412466170	AUE XIU HAI	-11.09	9999999.00	3600.00	0.00	12.44	296.94
AIS	412701210	A GANG TUO 3 HA	-9.60	9999999.00	360.00	0.00	15.90	322.87
AIS	413462180	JIN LONG 313	-10.99	9999999.00	86.10	0.20	12.34	297.05
AIS	412096010	IAI XUN 1371	-10.59	9999999.00	360.00	0.00	13.87	310.24
AIS	0				360.00	0.00		
AIS	412322323	CANG SHUN			3600.00	0.00		
AIS	372269000	XING HUA	6.71	-8770.21	322.30	0.10	16.08	323.74
AIS	412701270	A GANG TUO 12 H	-10.08	9999999.00	94.40	0.00	14.92	317.51

图 2-1-74　小于自定义 CPA/TCPA 物标显示

系统数据显示

一、实操方法及步骤

（1）海图数据载入与设置。

①选择要显示的海图：按图号显示及船位处海图。

②设置显示符号：简单/传统（纸）符号、简单/符号化线型、符号类型。

（2）海图显示控制。

①缩放：按比例缩小和放大、拉框（范围）缩小和放大。

②漫游：浏览模式，可随意移动海图显示中心，即本船可以移动到屏幕外。

③背景控制：白天、黄昏、夜晚颜色。

④水深区阴影控制：双色、四色的选择。

⑤经纬网格显示：是否显示经纬线。

⑥分层控制：基础、标准、其他显示。

⑦比例尺控制：快速比例尺、变化比率、自动换图。

⑧海图报警信息：超大、小比例尺、无 ENC 图、非官方图、有大比例尺图可用。

⑨海图信息查询：鼠标点查海图上的物标属性信息。

⑩海图版本信息：当前显示海图的图例、更新版本和日期。

（3）（本船位置）快速定位：监视模式，即本船始终在屏幕内。

（4）海图自动拼接显示：是否自动邻接周边海图。

（5）不同海图切换：多海图种类时设置优先显示顺序。

（6）系统安全参数设置：本船参数设置、安全监控参数设置、系统安全参数检验。

（7）填写实操报告、实操记录。

二、讨论与思考

（1）在多种数据类型和多个提供商的情况下，电子海图显示顺序的重要性。

（2）分层显示的作用及其使用注意事项。

（3）自动比例尺变换与自动显示海图的特点与关系。

三、实操操作指导提示

（一）电子海图数据

1. 电子航海图数据查询

（1）选择 `Charts`。

（2）选择 Chart Info 选项，显示系统所有海图列表，如图 2-2-1 中左边。

（3）在海图列表中任选一张海图，则可查看到电子航海图数据调用、出版、发行与改正信息，如图 2-2-1 中右边。

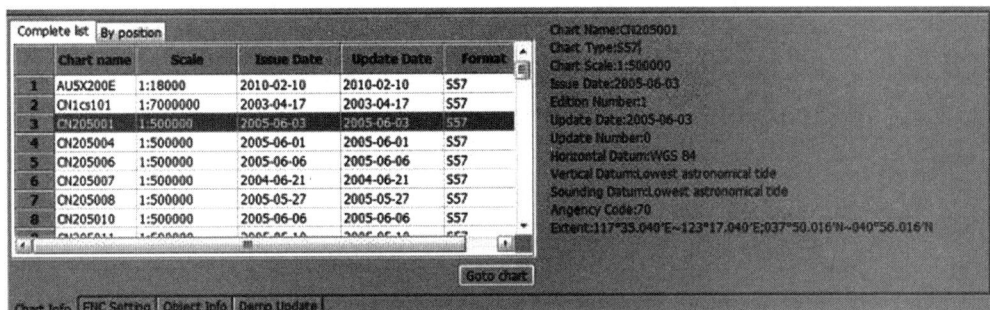

图 2-2-1　查询海图信息

2. 电子海图比例尺变更操作

可以通过以下方式进行操作：

（1）通过快捷工具栏的 ⊕ 、 ⊖ 、 ⊙ 按钮，对海图进行放大、缩小、局部大；

（2）通过快捷工具栏的 1:1 按钮，以屏幕中心所在海图的制图比例尺大小显示海图；

（3）通过选择右边信息栏的 1:7,500,000 ▼ 海图比例尺。显示海图。

（二）海图改正

1. 海图改正

（1）自动改正海图：通过 Charts 中的 Chart Update 海图升级页，更新海图

（2）手动改正海图：通过 Maps 中的 New 、 Edit 、 Shift 、 Delete 以及结合对光标、电子方位线和活动距标圈的设置与使用，对海图进行手动改正。

2. 数据更新检验

上述 1. 中的（1）操作，更新后，有详细的记录供检查。而（2）手动改正后，在改动历史中也有详细的记录，包括描述、位置、更新的时间。

（三）系统显示

（1）光标、EBL/VRM 的设置与使用。

①光标的使用：在海图区移动光标，在状态栏显示当前光标处位置的经纬度、与本船的距离和真方位。

②电子方位线和活动距标圈的使用：

a. 在右边的信息面板中选择 `EBL/VRM ▼`，显示 EBL/VRM 操作面板，如图 2-2-2。

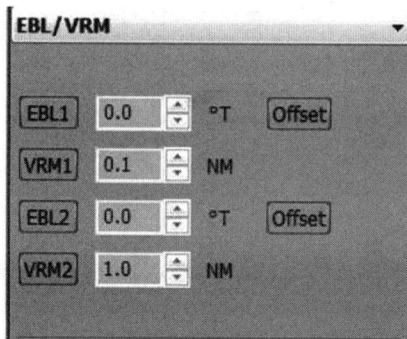

图 2-2-2　电子方位线和活动距标圈

b. 鼠标左键单击 **EBL1** ，则在海图区以本船中心为起点，显示蓝色粗虚线的【EBL1】，可以通过 `0.0 ▲▼ °T` 或直接在海图区选中它进行调整角度来测量物标方位。

c. 鼠标左键单击 **VRM1** ，则在海图区以本船中心为起点，显示蓝色粗虚线的【VRM1】，可以通过 `0.1 ▲▼ NM` 或直接在海图区选中它进行调整半径来测量物标距离。

d. 鼠标左键单击选中 **Offset** ，则以之前【EBL1】和【VRM1】的交点作为中心，显示【EBL1】和【VRM1】；鼠标左键单击取消选中 **Offset** ，则【EBL1】和【VRM1】重新以本船为中心显示。

e. **EBL2** 与 **VRM2** 显示为蓝色细虚线，操作方法与上面相同。

（2）认识不同种类的电子海图

操作 ECDIS 系统，分别显示不同电子海图，从这些不同各种类的海图数据的显示特点、识图认识海图，并要熟悉光栅海图显示方式局限性（详细请见 RCDIS 理论）。

（3）ECDIS 的显示方式

该系统包含以下三中显示方式：

①真北显示：鼠标左键单击工具栏中的 N_UP ，在其左边弹出 N_UP H_UP C_UP 三种显示方式，单击 N_UP 选择真北显示，则此时系统采用真北显示。

②船首向上显示：鼠标左键单击工具栏中的 N_UP ，在其左边弹出 N_UP H_UP C_UP 三种显示方式，单击 H_UP 选择船首向上显示，则此时系统采用船首向上显示，海图区按船首向上旋转。

③航向向上显示：鼠标左键单击工具栏中的 ![NUP]，在其左边弹出 ![NUP][HUP][CUP] 三种显示方式，单击 ![CUP] 选择航向向上显示，则此时系统采用航向向上显示，海图区按航向向上旋转。

（4）同层次、类别数据的理解与显示、符号与经纬线显示控制。

打开 ![Charts] 功能面板，选择 ![ENC Setting] 和 ![Object Info]，可以实现上述控制。

（5）不同定位系统数据的使用设置、显示与误差鉴别。

（6）雷达、AIS、罗经、测深、计程等设备信息的显示。

①雷达信息显示控制：

a. 鼠标左键单击右边信息栏顶部的 ![OVERLAY]，控制是否叠加雷达回波。

b. 鼠标左键单击右边信息栏中部的 ![Radar Settings] 功能选择列表，选择【Radar Settings】，显示雷达信息控制页面（备注：未成功开启 ![OVERLAY]，则该页面不可用），如图 2-2-3 所示。

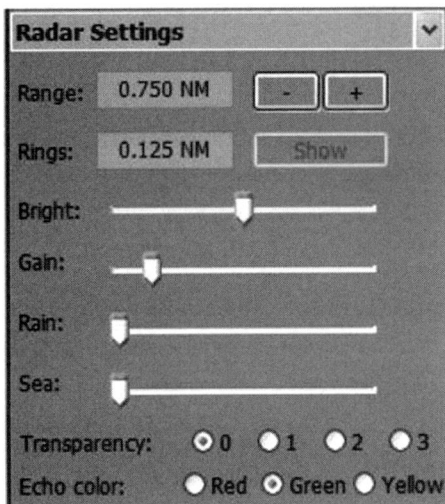

图 2-2-3　雷达设置窗口

c. 与主雷达同步控制操作：雷达的量程、增益、雨雪抑制与主雷达完全同步控制。

d. 回波调节：可以通过设置回波的亮度、透明度、颜色调节回波的显示。

e. 固定距标圈：鼠标左键单击 ![Show]，控制是否显示雷达固定距标圈。

②ARPA 信息显示控制：

a. 鼠标左键单击右边信息栏顶部的 ![ARPA] 或 ![Targets] 面板左上的 ![ARPA] 按钮（备注：这两个按钮完全联动），控制是否叠加 APRA 信息。

b. 开启【APRA】叠加后，如果主雷达中有捕获物标，则在海图区上显示【APRA】

物标，并在 [Targets] 面板中的列表中显示【APRA】的详细信息。

③AIS 信息控制：

a. 鼠标左键单击右边信息栏顶部的 [AIS] 或 [Targets] 面板左上的 [AIS] 按钮（备注：这两个按钮完全联动），控制是否叠加 AIS 信息。

b. 开启【AIS】叠加后，海图区中显示【AIS】目标船，并在面板 [Targets] 中的列表中显示【AIS】目标船的详细信息。

④测深仪信息：

鼠标左键单击右边信息栏中部的 [Environment Data ▼] 功能选择列表，选择【Environment Data】，显示环境信息页面，在最小端的 [Water Depth(m):   0.0] 显示水深。

⑤罗经、计程仪信息：

在右边的信息栏中部查看罗经、计程仪信息，如图 2-2-4 所示。

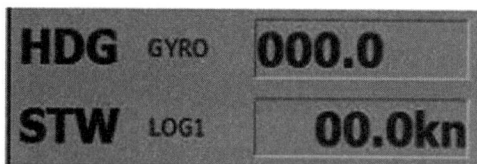

图 2-2-4　罗经、计程仪信息

（7）不同数据坐标系、参照系的检查与修正

（8）本船与他船航行矢量的设置与显示

①航行矢量长度：在右边信息栏下面，鼠标左键单击 [Vector: 1 min ∨] 设置航行矢量时间长度，它同时作用于本船与他船航。

②本船航行矢量显示：打开 [Monitoring] 面板，鼠标左键单击左上角的 [Headline]、[COG vector]、[HDG vector] 按钮，控制是否显示船首矢量线、航向矢量线、罗经矢量线。

③目标船航行矢量显示：默认全部开启。

（9）不同矢量稳定模式显示。

①真矢量显示：鼠标左键单击工具栏中的 [FM]，在其左边弹出 [FM][TM][RM] 三个按钮，单击 [TM] 选择真矢量显示，则此时系统采用真矢量显示。

②相对矢量显示：鼠标左键单击工具栏中的 [FM]，在其左边弹出 [FM][TM][RM] 三个按钮，单击 [RM] 选择相对矢量显示，则此时系统采用相对矢量显示。

（10）不同背景显示的使用。

系统包含以下三种背景显示方式：

①白天：鼠标左键单击顶部右边工具栏中的 ☀，系统切换到白天显示模式。

②黄昏：鼠标左键单击顶部右边工具栏中的 ☀，系统切换到黄昏显示模式。

③夜晚：鼠标左键单击顶部右边工具栏中的 🌙，系统切换到夜晚显示模式。

（11）强调显示的识别。

系统可以分别设置水深、安全、浅水等深线，设置后海图根设置相应变化。

（12）报警信息显示与确认处理。

在系统的右边信息栏显示报警信息：

①报警确认：当出现报警时，文本框中闪烁显示报警说明，鼠标左键单击闪烁文字，确认报警。

②查看报警：鼠标左键单击 ▾ 下拉按钮，显示查看报警列表。

航线设计与航次计划

一、实操步骤

（1）航线设计。

①设计新航线。

②转向点编辑（新增、修改、删除转向点）。

③航线保存与另存。

④显示已有航线。

⑤卸载已显示航线。

⑥修改原有航线。

⑦编辑航线参数。

⑧航线有效性检验。

⑨对接航线。

⑩反向航线。

（2）航次计划参数配置。

①设计新航次计划。

②航次参数配置。

③计划打印。

④计划保存。

⑤计划查询与修改。

⑥计划删除。

（3）航次运行。

①本船定位到起始点。

②选择航次计划操作船舶航行。

③查看 ETA 等航次计划信息。

④对比航次计划观察航行状态与航线或航次计划的修改。

（4）填写实操报告、实操记录。

二、讨论与思考

（1）海图及航海信息的利用与海图显示内容和比例尺的控制在航线设计中的用意。

（2）航线设计中转向点的基本操作与鼠标和键盘的特殊用途。

（3）恒向线和大圆航线的特点与设计方法。

（4）电子海图系统中的航线安全检测机制与实现方法。

（5）航次计划与航线的关系

（6）一线多航次计划的实现方法。

（7）航次计划的用途。

三、实操操作指导与提示

1. 航线设计模式与航行监控模式切换

在本系统中同一条航线可以同时进行编辑并进行监控。

2. 转到输入位置水域

（1）地理坐标移至某海区：打开转到窗口，在其中输入某水域的大至坐标，确认后直接转到输入点所在的水域。

（2）移动光标切换海区：在 **FM** 自由运动模式下，鼠标左键单击工具栏中的 ➕，移动光标切换海区。

（3）返回本船位置：鼠标左键单击工具栏中的 🚢，则在海区中心显示本船，返回本船位置。

3. 设定安全距离偏航参数

（1）鼠标左键单击 **Voyage Planner**，进入航线设计面板。

（2）鼠标左键单击 **Load ▾**，选择并载入目标航线．此时即可编辑该航线的所有信息。

（3）在转向点列表中，双击转向点对应 **XTD port(NM)** **XTD stbd(NM)** 下的值，即可手动设置航线左边与右边的安全偏航距离值。

4. 输入、添加、移动和删除转向点

（1）鼠标左键单击 **Voyage Planner**，进入航线设计面板。

（2）鼠标左键单击 **Load ▾**，选择并载入目标航线．此时即可编辑该航线的所有信息。

（3）鼠标左键单击 **Add Waypoint**、**Move** 可以使用光标进行添加、移动转向点。

（4）鼠标双击转向点中的值进入编辑状后，便可修改相应值，鼠标点击其他地方则退出该值的编辑状态。

（5）鼠标左键单击 **Route Edit**，进入航线编辑页面。

（6）选中转向点列表中某个转向点，鼠标左键单击 **Waypt Options** 下的 **Delete** 删除该转向点。

（7）选中转向点列表中某个转向点，鼠标左键单击 **Waypt Options** 下的 **Insert** ，则以当前选中转向点中除经纬度外的对应值作为新转向点的默认值，向下新增一个转向点，然后可以手动编辑该转向点。

5. 航线的反向使用

（1）鼠标左键单击 **Voyage Planner** ，进入航线设计面板。

（2）鼠标左键单击 **Load** ，选择并载入目标航线．此时即可编辑该航线的所有信息。

（3）鼠标左键单击 **Route Edit** ，进入航线编辑页面。

（4）鼠标左键单击 **Route Options** 下的 **Reverse** ，航线反向，航线的起点和终点需手动更改。

6. 对航线进行安全检查

（1）鼠标左键单击 **Voyage Planner** ，进入航线设计面板。

（2）鼠标左键单击 **Load** ，选择并载入目标航线．此时即可编辑该航线的所有信息。

（3）鼠标左键单击 **Check Route** ，进入航线安全检测试页面。

（4）鼠标左键单击 **Start** **Next** **Focus** 开始航线检测，鼠标左键单击 **Prev** 、 **Next** 向上或向下查看警告信息，鼠标左键单击 **Focus** ，显示当前警告信息对应的部分航线。

实操四

航行监控

一、实操步骤

（1）本船安全参数设置。

（2）报警参数配置。

①一般报警。

②定位设备故障。

③航线。

④碰撞。

⑤危险区域。

⑥搁浅。

（3）航行监控。

①选择航次计划或航线运行本船。

②本船与航线显示控制。

③航行状态显示控制。

④AIS 目标、雷达图像或 ARPA 目标叠加控制。

⑤手工海图改正叠加控制。

⑥港口、潮汐等信息查询。

⑦航海计算（距离方位测量）。

⑧报警状态观察、认可处理，如航向报警（偏航、搁浅）、设备报警（未连线）、海图报警（比例尺超大，还有大比例尺海图可用）。

⑨船位修正。

⑩在线帮助。

（4）航行记录管理。

①强制记录。

②添加注记。

③航行记录打印。

（5）记录查询。

①自动、事件与强制记录内容的区别查询。

②航行记录内容格式与查看分析。

（6）航迹历史查询。

①航迹历史载入。

②显示时间间隔控制。

二、讨论与思考

（1）如何才能保证电子海图系统提供正确的报警和提示？

（2）怎样正确判断当前显示的航行状态？

（3）如何理解船员是航行信息的产生和控制者？

（4）是否能够利用系统的某些报警功能更好地辅助航行？

（5）船员如何阅读和理解系统产生的报警。

（6）航行记录能否取代传统的航海日志？

（7）航行记录的"黑匣子"作用。

三、实操操作指导提示

（一）基本监控

1. 调入船舶航行航线

在 MONITORING 菜单中找到"ROUTE"一项，单击下拉菜单，在下拉菜单中将出现系统中设计好并保存的航线，选择需要的航线，海图中即呈现该航线。

图 2-4-1　调入船舶航行航线

注意：在调入航线之前请确保该航线已经在"voyager planner"菜单中编辑设计好并已保存。

刚调入的航线将简略地显示与海图中，如图 2-4-2 所示，航线为红色表示开始进行监控。

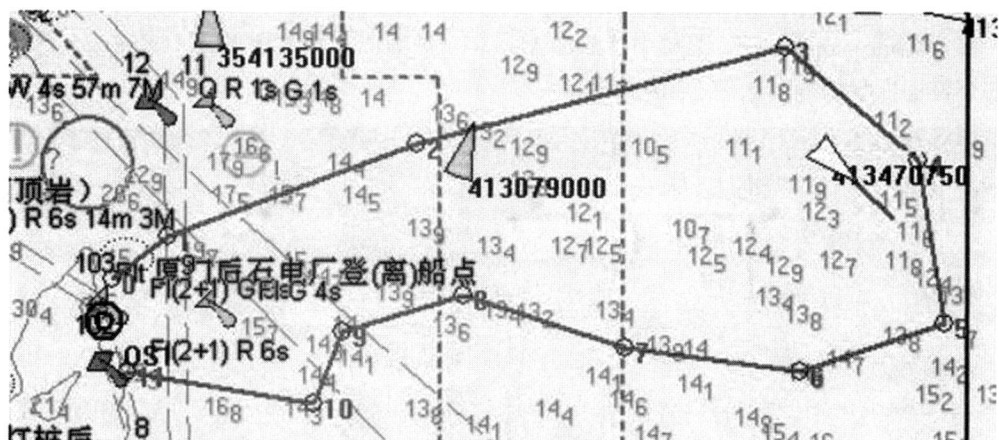

图 2-4-2　正被监控的航线显示

点击一图 2-4-3 三按钮，可以将航向偏航距离，转向点名称和航向、航程、计划航速一同显示在电子海图中，如图 2-4-4 所示。

图 2-4-3　航线监控参数设置及显示设置

图 2-4-4　航线标注显示效果

2. 查验各种提醒和安全监控参数

在"Route monitoring"菜单中找到"Alarms"子菜单，在该菜单项中系统提供四种航行安全警报提醒功能。如图 2-4-5 所示。

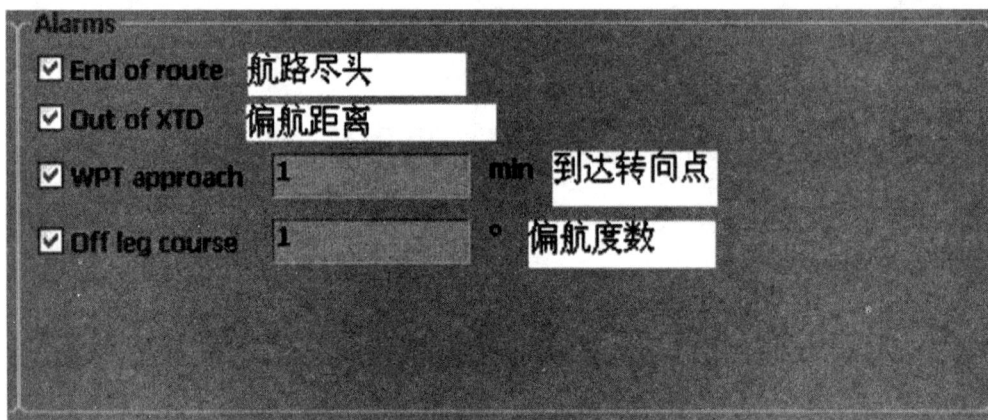

图 2-4-5　航行监控报警参数设置

在 Monitoring 菜单中找到 Safety alarms 子菜单，在该菜单中，共设计了多种安全监控方法。

（1）Safety frame。

在该区域为航向中的本船提供一安全检测范围框，该区域的构成主要由三部分组成：船首方向、本船左右舷；见图 2-4-6 和图 2-4-7。当各种设置的警报（这些警报设置参考）被触发时，系统将出现相应的报警。

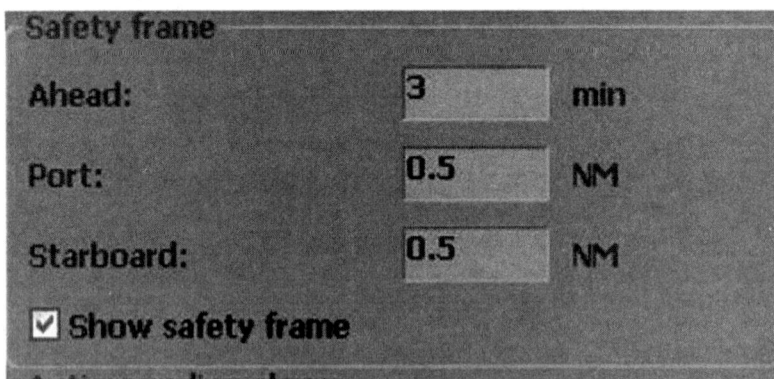

图 2-4-6　安全检测范围框设置

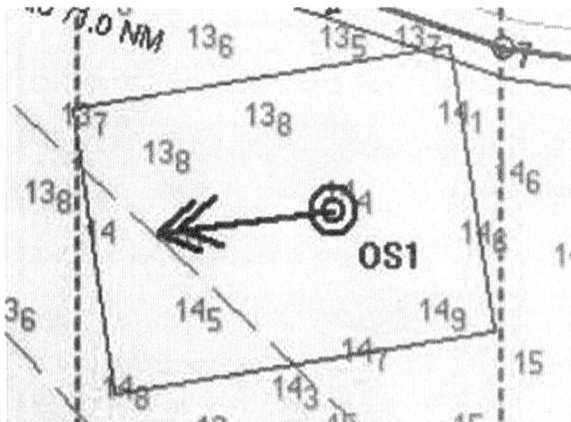

图 2-4-7　安全检测范围框显示效果

（2）Antigrounding alarm 预防搁浅警报。

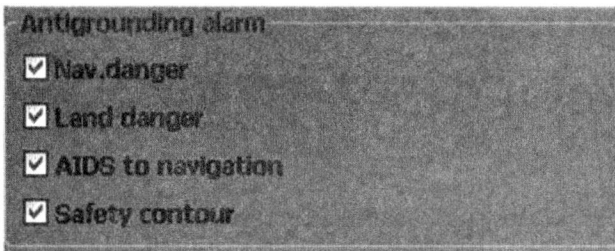

图 2-4-8　预防搁浅报警设置窗口

该功能中设计四种报警：航行危险、陆地危险、助航物报警、安全等深线。该功能必须在"Safety frame"功能开启时才能生效。当所设置的安全边框区域穿越以上四种警报所存在的区域时即出现警报。

（3）Safety parameters 安全阈值。

该区域中系统将提供手动检查海图最大比例尺功能和设置安全水深功能。

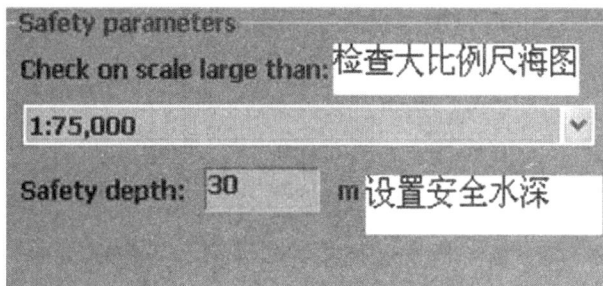

图 2-4-9　航行监控安全值设置界面

（4）Area alert 区域警报。

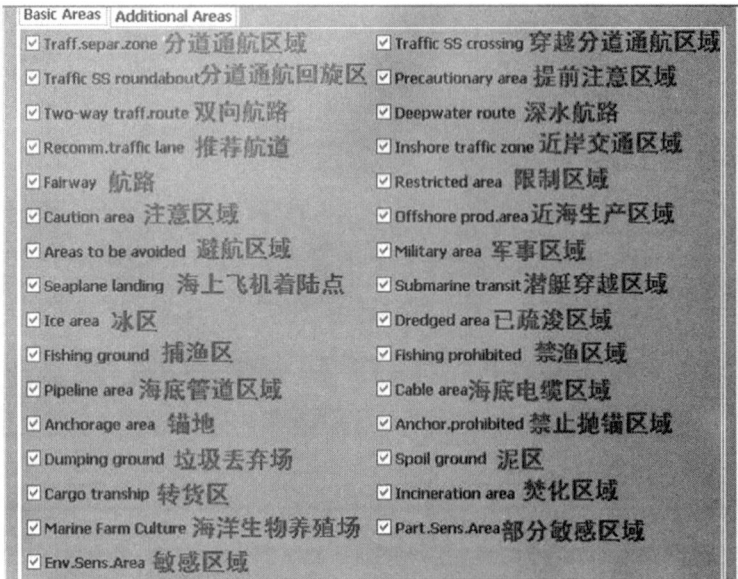

图 2-4-10　本船穿越区域报警选择窗口

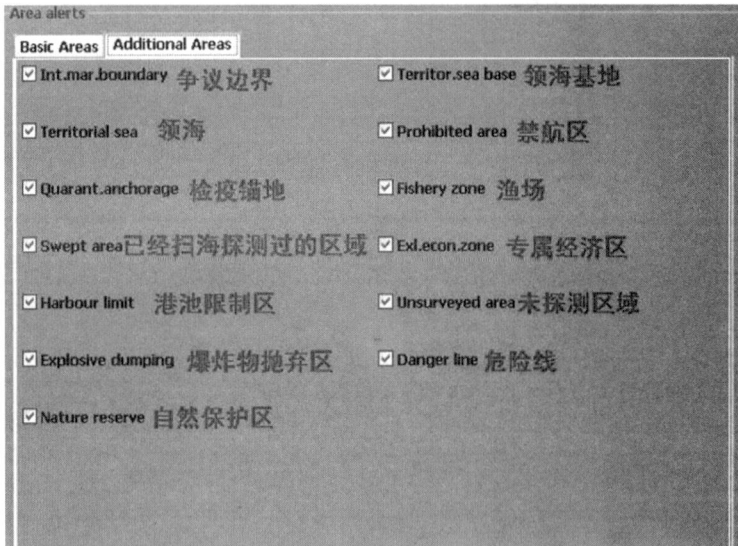

图 2-4-11　其他报警提示区域选择窗口

如图 2-4-10 和图 2-4-11 所示，系统提供总共提供 44 种警报设置，练习者可根据要求进行选择，该部分警报功能必须和"Safety frame"结合使用。

3. 设定矢量时间

在 ECDIS 右边菜单栏中找到"VECTOR"选择下拉菜单，选择矢量时间，该时间菜单包含的矢量时间从 1min—24min，如图 2-4-12。

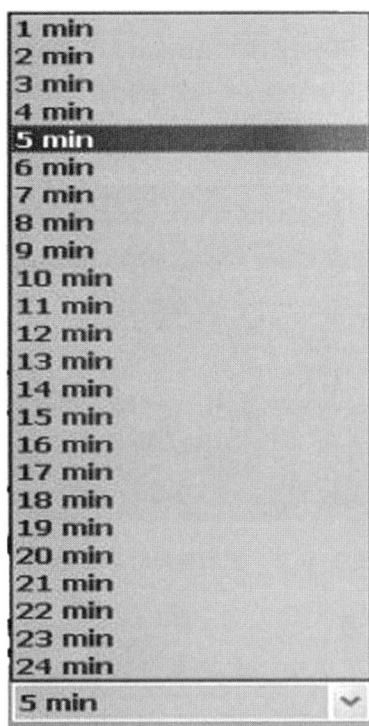

图 2-4-12　矢量时间设置窗口

在"Route monitoring"菜单中选中按钮"COG vector"或"HDG vector",海图中将显示出本船的航迹矢量或船首向矢量,航迹矢量带双箭头,船首向矢量带单箭头。选择之后,本船航迹矢量将出现如图 2-4-13 所示矢量线。

图 2-4-13　矢量线显示效果

4. 查验坐标系、参考系统的修正并作适当处理

系统将自动读取所加载海图所采用的坐标系,并将坐标系显示于 ECDIS 右边菜单栏下方。如图 2-4-14 所示。

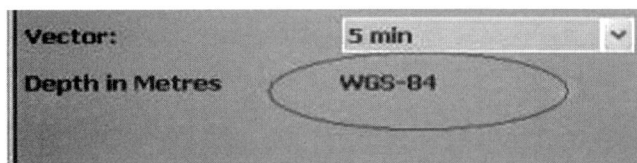

图 2-4-14　当前海图的坐标系

5. 根据提示转向

在"Router monitoring"菜单中找到"Alarms"子菜单，在该菜单中选择"WPT approach"一项，如图 2-4-15，设置好时间，该时间即为达到转向点的时间，满足该设置的条件之后，系统即将出现报警，提示即将达到转向点。

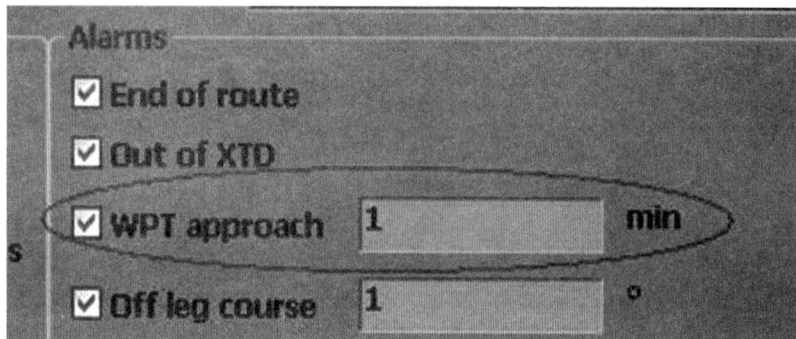

图 2-4-15 提示转向时间设置窗口

6. 查看主、次船位差及处理

在"Navigational Alarms"菜单中，本套系统设计船位误差报警的设置方法。如图 2-4-16所示。

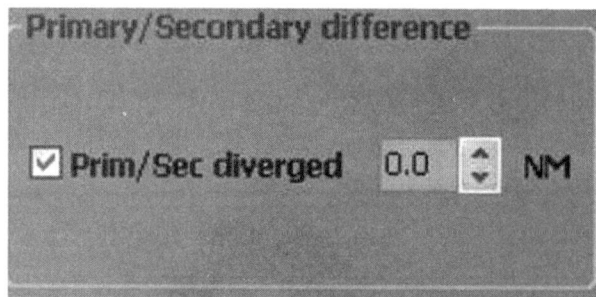

图 2-4-16 查看主、辅航迹的相对状态

小方框中输入的数值为第一和第二种船位源之间的船位差，模拟练习中船位误差达到该值，则系统将出现报警提醒。（"主位置源和次位置源"详见"SENSORS"菜单说明）

7. 测量坐标、航向、方位和距离

船舶航向是以导航设备的罗经模拟器提供，要测量新航段的航向或某个物标的方位、距离可以用以下方法：

用鼠标指向新航线或某个物标，在本 ECDIS 系统的底部光标状态栏会显示光标所在点相对于本船的真方位和距离，如图 2-4-17 所示。

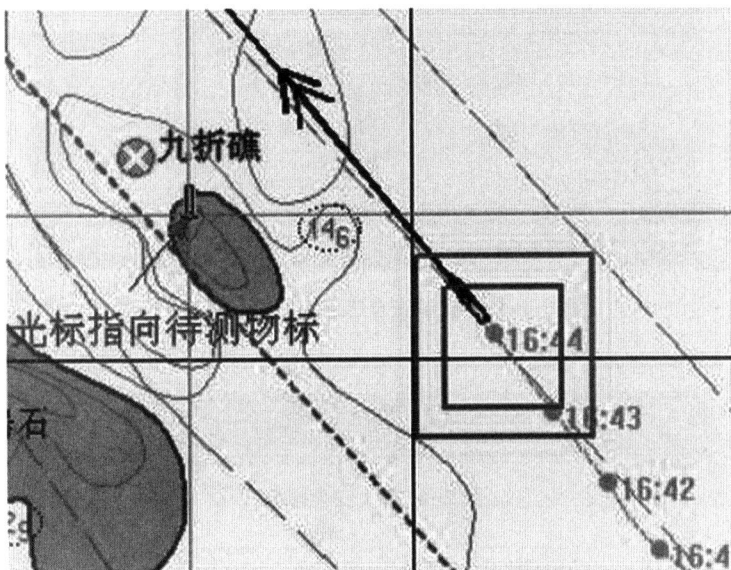

图 2-4-17　测量坐标、航向、方位和距离

此时在系统软件的最下方将显示出该物标的经纬度、相对于本船中心的真方位与距离。如图 2-4-18 所示。

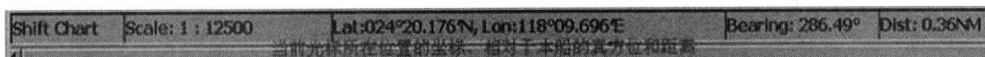

图 2-4-18　系统本船位置、光标方位和距离状态栏

8. 必要时手动修改航线、船位、航向和航速数据

详细内容请参考 "Voyage planner" 菜单中的相关说明。

9. 正确使用雷达

详细内容请参考 "Radar Settings" 菜单和 "overlay" "AIS" "ARPA" 按钮的详细说明。

（二）特殊情况应对

（1）航行报警。

①在设置显示本船 Safety Frame 的前提下，选择 "Antigrounding alarm" 中的安全等深线（图 2-4-19），当船舶的 Safety Frame 穿越安全等深线时，系统即会出现报警（图 2-4-20）。

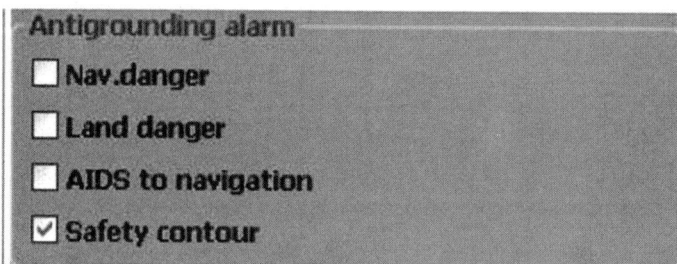

图 2-4-19　穿越安全等深线报警设置窗口

图 2-4-20　安全报警

②在加载航线之后，可选择显示"XTD"如图 2-4-21，XTD 为设计航线时设计的偏航值（具体设计方法详见"voyager planner"菜单说明），当船舶偏离航线达到或超过设定的偏航距离时系统即出现报警。

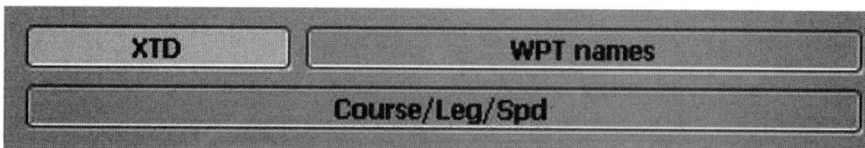

图 2-4-21　XTD 航线标注显示设置

③在设置并显示本船 Safety Frame 的前提下船舶接近危险物、穿越特殊区域等区域的时候系统将会出现报警提醒。

（2）船位报警。

（3）系统报警：系统测试与故障排除。

系统设计了上面所述的多种报警功能，另外当系统所连接的仪器设备出现故障时，系统亦会出现相应的报警。系统中共设计连接可用的仪器有 GPS、AIS、测深仪、计程仪等。当软件开启之后，若这些仪器未开启，或开启之后出现故障，都可以在软件终端上体现出来，最直接的是在右边菜单栏中报警栏上出现相应的报警（图 2-4-22），提醒练习者检查并排除故障。

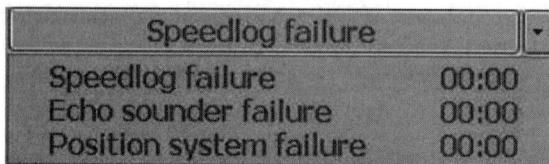

图 2-4-22　系统报警

另外，GPS 出现故障时，在软件终端将会出现多处警报和提醒：本船符号变成红色、船位信息变成红色（表示不可信）、报警栏出现相应报警等等（图 2-4-23）。这时，解决的方法有两种：首先检查 GPS 是否正常开启，另一种方法是采取人工定位（详见"SEN-SORS"菜单介绍）。

当 AIS 出现故障时，报警栏中同样会出现相应的报警，同时海图区域中和"Target"菜单中将不会出现任何 AIS 信息，这时练习者应检查 AIS 是否正常开启。

当 Echo Sounder 出现故障时，报警栏中同样会出现相应的报警，同时系统将无法正确显示水深。这时练习者应检查 Echo Sounder 是否正常开启。

当计程仪 SpeedLog 出现故障时，报警栏中同样会出现相应的报警，同时 STW 和 SOG 数值将变成红色（图 2-4-23），并显示错误信息。这时练习者应检查 SpeedLog 是否正常开启。

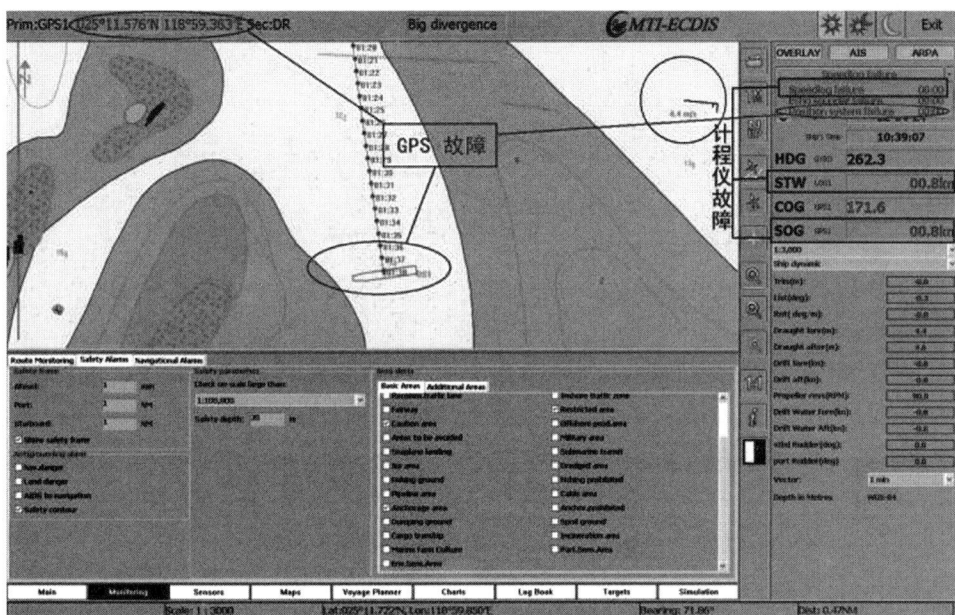

图 2-4-23 GPS 故障

航海日志

一、实操步骤

（1）航行记录。

①设定自动记录时间间隔。

②变更船时。

③按需即时插入记录。

④输入附加数据。

（2）重现历史航迹。

①记录媒介。

②记录间隔。

③验证使用中的数据库。

（3）回放电子船舶日志记录。

（4）输入附加数据。

（5）打印电子船舶日志内容。

（6）编制航次数据和报告。

（7）与航行数据记录仪（VDR）的连接。

（8）输出航行记录。

检查航行记录输出至航行数据记录仪的情况。

二、讨论与思考

（1）电子海图的航海日志与传统的航海日志有何区别？

（2）传统方式的航迹再现与电子海图中的航迹再现有何区别？

（3）海图数据误差是否会影响电子海图的航海日志记录？

（4）船位误差或错误对航海日志记录是否有影响？

三、实操操作指导提示

（一）航行记录

（1）设定自动记录时间间隔。

①船舶日志系统自动每小时记录一次船位事件，不能进行手动更改。

②船舶航迹每秒记录一次船位，不能进行手动更改。

（2）变更船时。

系统船时由控制台设置，不能进行手动更改。

（3）按需即时插入记录。

①鼠标左键单击 **Log Book** ，进入船舶日志面板。

②鼠标左键单击 **Create Event** 右边的 ▼ 下拉按钮，选择要创建的事件类型，选择后便自动插入记录。

（4）输入附加数据。

①鼠标左键单击 **Log Book** ，进入航行日志面板；

②在事件列表中选择一条记录，便可在船舶日志面板左下方显示该记录的详细信息；

③在船舶日志面板右下方选择用户名并输入密码（本系统中密码与用户名相同），鼠标左键单击 **Login** 进行登录，成功后便可在 **Comment:** 右边输入附加数据，鼠标左键单击 **Edit** 保存附加数据；

④鼠标左键单击 **Log Out** 退出登录，**Edit** 变为不可用，结束输入附加数据。

（二）查看航行记录

1. 重现航迹

（1）本船航迹：

①打开 **Monitoring** 航行监控面板。

②航迹颜色：鼠标左键单击 **Track color:** □ 中的方框，弹出调色板，用户可以自行设置航迹颜色，方框显示选定后颜色。

③航迹点时间间隔：鼠标左键单击 **1min** ▼ 下拉列表，选择航迹点绘制时间间隔。

④本船航迹时间设置：设置显示本船多长时间的历史航迹，最长 24 小时。

⑤按日期查看本船航迹：鼠标左键单击 **Current** ▼ 下拉列表，选择某天的航迹。

⑥鼠标左键单击 **Focus on Track** ，本船航迹全屏显示。

（2）目标船航迹：

①打开 **Targets** 面板。

②鼠标左键单击 **ShowTargets** 下的 **Track** 按钮，控制是否显示目标船航迹。

2. 查看航行记录

打开 **Log Book** 面板，选择船舶日志，左键单击该下拉列表，选择要查看某年某月的船舶日志，或选择某天船舶日志，左键单击该下拉列表，选择要查看某天的船舶日志。通过这两种方式操作均可查看航行记录。

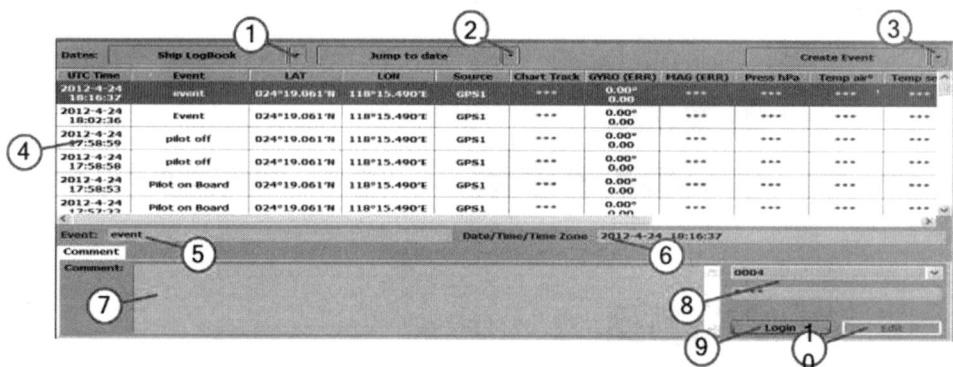

①左键单击该下拉列表，可以查看历史记录，即某年某月的航海日记。

②左键单击该下拉列表，可以查看具体到某日的记录。即②可查阅到某年某月某日的记录，而①只能查阅到某年某月某日的记录。

③左键单击该下拉列表，可在日记列表中快速记录发生的事件。表中列出的事件模板有限，当所需要记录的事件在列表中没有时，可选择"Event"插入日记中，然后在备注栏"Comment"里对该事件进行备注说明。如：需要在日记中记录"本轮已完成油水补给，加油500吨，加淡水100吨"的事件，但列表中没有该模板可选择，该如何处理呢？左键③面板打开列表，从列表中选择"Event"，然后在⑦"Comment"里备注上述内容。若是国内航行船舶可用中文直接备注"加油500吨，加淡水100吨"；若是国际航行船舶，应使用英文备注"Supply diesel oil 500T, Fresh water 100T"。

④事件发生的时间，即在航海日记中插入该事件的时间，使用世界时（UTC）。

⑤显示当前航海日记列表中选择的事件的具体内容。

⑥日记列表中选择的事件所记录的具体时间。

⑦备注栏，用于对记录的事件进行内容补充。

⑧用于输入账号和密码，航海日记是重要的法律文件，需要被赋予权限方可进行操作。

⑨登录键，输入账号和密码后左击该键即对备注栏进行填写备注，若不登录则备注栏不允许填写。

⑩退出键，点击该键，关闭备注栏可操作功能，即备注栏不允许填写。

第三篇

附　录

附录一　《海船船员培训大纲》（2021版）摘要

1. 适用对象：3000总吨及以上船长

职能1：航行

适任要求	理论知识与要求	实践技能与要求	评价标准	课时	
				理论	实操
1.6 通过使用协助指挥决策的 ECDIS 和关联导航系统，以保持航行安全（注：仅在不要求配备 ECDIS 的船上工作的人员的工作方面的培训和评估，但该限制应反映在给当事海员签发的签证中） 操作程序、系统文件和数据的管理，包括： 1. 管理海图数据和系统软件的采购、许可和更新，以符合既定的程序 2. 系统和信息更新，包括依据厂商产品开发更新 ECDIS 系统版本的能力 3. 创建和维护系统配置和备份文件 4. 依据既定的程序创建和维护运行记录文件 5. 依据既定的程序创建和维护航线计划文件 6. 使用 ECDIS 日志、航迹历史功能，检查系统功能、警报设定和用户反应	1.6 ECDIS 的正确使用 1. 掌握有关 ECDIS 的 SOLAS 配载要求、IMO/IHO 性能标准、STCW 培训要求 2. 了解 ECDIS 系统构成（硬件与软件）与配置要求 3. 掌握电子海图数据管理及软件的购置、许可方式及流程 4. 掌握自动（手动）更新信息的流程与方法 5. 熟悉系统状态指示、指示器与报警 6. 掌握 ECDIS 航线设计的驾驶台合工作程序、计划航线创建、维护与审核 7. 掌握航行监控功能查验与应急处理 8. 掌握 TT/AIS 系统信息显示、关联与使用 9. 掌握 ECDIS 日志、航迹历史功能，检查系统功能、警报设定和用户反应 10. 掌握 ECDIS 回放功能，可进行航行审查、航线设计和系统功能的审查 11. 掌握 ECDIS 使用风险和应对措施	1. 计划航线检查与审核 2. 航行监控功能查验与应急处理 3. 关联导航系统的显示与处理 4. 电子海图误差、故障及风险识别	1. 使用 ECDIS 的操作程序得以建立、应用和监控 2. 采取尽量减少航行安全风险的行动	16	12

2. 适用对象：500～3000 总吨船长

职能1：航行

适任要求	理论知识与要求	实践技能与要求	评价标准	课时	
				理论	实操
1.6 通过使用协助使用决策的指导和关联导航系统，以保持航行安全 ECDIS 和关联导航系统，以保持航行安全（注：仅在不要求配备 ECDIS 的船上工作的人员不要求该设备使用方面的培训和评估，但该限制应反映在给当事海员签发的签证中） 操作程序、系统文件和数据的管理，包括： 1. 管理海图数据和系统软件的采购、许可和更新，以符合既定的程序 2. 系统和信息更新，包括依据厂商产品开发更新 ECDIS 系统版本的能力 3. 创建和维护系统配置和备份文件 4. 依据既定的程序创建和维护评运行记录文件 5. 依据既定的程序创建和维护航线计划文件 6. 使用 ECDIS 日志和航迹历史功能、检查系统设定和用户反应使用 ECDIS 回放功能进行航行审查、航线设计和系统功能的审查	1.6 ECDIS 的正确使用 1. 掌握有关 ECDIS 的 SOLAS 配载要求、IMO/IHO 性能标准、STCW 培训要求 2. 了解 ECDIS 系统构成（硬件与软件）与配置要求 3. 掌握电子海图数据管理及软件的购置、许可方式及流程 4. 掌握系统自动（手动）更新信息的流程与方法 5. 熟悉系统状态指示、指示器与报警 6. 掌握 ECDIS 航线设计的驾驶台合工作程序、计划航线创建、维护与审核 7. 掌握航行监控功能查验与应急处理 8. 掌握 TT/AIS 系统信息显示、关联与使用 9. 掌握 ECDIS 日志、航迹历史功能、检查系统功能和用户反应 10. 掌握 ECDIS 回放功能，可进行航行审查、航线设计和系统功能的审查 11. 掌握 ECDIS 使用风险和应对措施	1. 计划航线检查与审核 2. 航行监控功能查验与应急处理 3. 关联导航系统的显示与处理 4. 电子海图误差、故障及风险识别	1. 使用 ECDIS 的操作程序得以建立、应用和监控 2. 采取尽量减少航行安全风险的行动	16	12

3. 使用对象：未满500总吨船长

适任要求	理论知识与要求	实践技能与要求	评价标准	课时	
				理论	实操

职能1：航行

适任要求	理论知识与要求	实践技能与要求	评价标准	理论	实操
1.1 计划并引导沿海航行和定位（注：对仅在不要求配备ECDIS的船上工作的人员不要求进行该设备使用方面的培训和评估，但该限制应反映在给当事海员签发的签证中）	1.1.5 电子海图的使用 1. 了解电子海图系统的主要类型 2. 熟悉矢量海图与光栅海图区别 3. 熟悉有关ECDIS定义又术语 4. 了解ECDIS数据主要特性如数据定义、数据内容、数据结构、属性，数据质量及精度等 5. 熟悉定位参考系统 6. 熟悉ECDIS显示特征 7. 熟悉海图数据显示等级范围与选择 8. 熟悉ECDIS提供的安全参数 9. 熟悉ECDIS自动与手动功能 10. 熟悉各种传感器，及其精度要求与故障响应 11. 熟悉更新的制作与发布（包括手动、半自动、自动更新） 12. 熟悉航次设计表计功能，包含计划航线计算、航次计划表计算、构建航线、备用航线及最终航线适用等 13. 熟悉航路监测功能，包括内置航路测量与计算，开发及最终水域，沿岸及受限水域与回放航迹 14. 熟悉ECDIS导航中的特定功能 15. 了解状态指示、指示器与报警含义 16. 了解典型的解析误差免避的应对 17. 了解航次记录，操作与回放ECDIS 18. 了解过度依赖ECDIS的风险	1　ECDIS系统组成 1.1　ECDIS系统构成配置 1.2　检查传感器的连接 1.3　ECDIS训练工作站的启用 2　ECDIS数据管理 2.1　ECDIS系统使用数据查询与获取 2.2　海图数据获取与安装 2.3　海图数据改正与更新操作操作 3　ECDIS基本导航功能操作 3.1　本船参数设置 3.2　安全监控参数设置 3.3　海区的选择 3.4　海图数据显示分层选择 3.5　海图比例的正确使用 3.6　海图信息的查取 3.7　沿海水域海图显示基本练习 4　ECDIS航线设计 4.1　船舶操纵性参数设置 4.2　查验内置潮汐流气候资料 4.3　构建航线 4.4　航线安全检测 4.5　优化航线 4.6　航次计划表 4.7　沿海及限制水域的航线设计练习 5　航路监控功能	1. 以有助于安全航行的方式监控ECDIS信息。 2. 正确地解释和分析从ECDIS（包括雷达跟踪功能和/或雷达叠加功能，如获取的信息，并考虑设备的局限性，所有考虑相连的传感器（包括雷达和AIS，如连接）以及当时的环境和条件 3. 通过ECDIS控制的航迹保持功能（当装有）调节船舶航向和航速，使船舶的航行安全得以保持 4. 任任何时候都以海员的方式清楚、简要的交流并确认	20	20

续表

适任要求	理论知识与要求	实践技能与要求	评价标准	课时（理论）	课时（实操）
职能1：航行		5.1 定位参考系统连接 5.2 船位的检查与核实 5.3 航路监控模式的设置与激活 5.4 矢量时间设置 5.5 各种警告信息及应对 5.6 开放水域的航路监控练习 6 ECDIS与其他系统集成导航 6.1 雷达/ARPA跟踪目标叠加 6.2 演示AIS功能叠加 6.3 ECDIS中自动航迹控制系统功能使用 6.4 限制水域的ECDIS综合导航练习 7 系统记录管理 7.1 系统重置与备份 7.2 利用ECDIS管理工具软件存档 7.3 数据录入与航海日志 7.4 回放操作 8 ECDIS系统风险 8.1 后备系统 8.2 系统测试 8.3 过度依赖ECDIS的风险			

4. 适用对象：3000 总吨及以上大副

职能 1：航行

适任要求	理论知识与要求	实践技能与要求	评价标准	课时 理论	课时 实操
1.7 通过使用协助指挥决策的 ECDIS 和关联导航系统，以保持航行安全（注：仅在不要求配备 ECDIS 的船舶上的工作人员，该不要求进行该设备使用方面的培训和评估，但应限制反映在给当事海员签发的适任证书中） 操作程序、系统文件和数据库的管理，包括： 1. 管理海图数据和系统软件的采购、许可和更新，以符合既定的程序 2. 系统和信息更新，包括依据厂商产品开发更新 ECDIS 系统版本的能力 3. 创建和维护系统配置和备份文件 4. 依据既定的程序创建和维护运行记录文件 5. 依据既定的程序创建和维护航线计划文件 6. 使用 ECDIS 日志和航迹历史功能、检查系统功能、警报设定和用户反应功能、回放功能对航行进行审查，航线设计和系统功能的审查	1.7 正确使用 ECDIS 设备 1. 熟悉电子海图数据库管理及软件的购置、许可方式及流程 2. 熟悉自动（手动）更新信息的流程与方法 3. 熟悉 ECDIS 航线设计的驾驶台工作程序，计划航线创建、维护与审核 4. 熟悉航行监控功能查验与应急处理 5. 熟悉航行记录文件创建与维护 6. 熟悉 ECDIS 日志、航迹历史功能，可进行航迹回放功能，用户反应 7. 熟悉 ECDIS 回放功能、航线设计和系统功能的审查 8. 熟悉系统测试方法与备用配置 9. 熟悉 ECDIS 使用风险		1. 使用 ECDIS 的操作程序得以建立、应用及监控 2. 采取尽量减少航行安全风险的行动	8	0

5. 适用对象：500～3000 总吨大副

适任要求	理论知识与要求	实践技能与要求	评价标准	课时 理论	课时 实操
职能1：航行					
1.7 通过使用协助指挥决策的 ECDIS 和关联的航海系统，以保持航行安全（注：仅在不要求配备 ECDIS 的船上工作的人员不要求进行该设备使用方面的培训和评估，但该限制应反映在给当事海员签发的适任证书中） 操作程序、系统文件和数据库的管理，包括： 1. 管理海图数据和系统软件的采购、许可和更新，以符合合规定的程序 2. 系统和信息更新，包括依据厂商产品开发更新 ECDIS 系统版本的能力 3. 创建和维护系统配置和备份文件 4. 依据既定的程序创建和维护运行记录文件 5. 依据既定的程序创建和维护航行计划文件 6. 使用 ECDIS 日志和航迹历史功能，检查系统功能，警报设定和用户反应使用 ECDIS 回放功能进行航行审查，航线设计和系统功能的审查	1.7 正确使用 ECDIS 设备 1. 熟悉电子海图数据管理及软件的购置、许可方式及流程 2. 熟悉自动（手动）更新信息的流程与方法 3. 熟悉 ECDIS 航线设计的驾驶台工作程序，计划航线创建、维护与审核 4. 熟悉航行监控功能查验与应急处理 5. 熟悉航行记录文件创建与维护 6. 熟悉 ECDIS 日志、航迹历史功能，检查系统功能，警报设定和用户反应 7. 熟悉 ECDIS 回放功能，可进行航行审查、航线设计和系统功能的审查 8. 熟悉系统测试方法与备用配置 9. 熟悉 ECDIS 使用风险		1. 使用 ECDIS 的操作程序得以建立、应用和监控 2. 采取尽量减少航行安全风险的行动	8	0

6. 适用对象：未满 500 总吨大副

适任要求	理论知识与要求	实践技能与要求	评价标准	课时 理论	课时 实操
职能 1：航行 1.1 计划并引导沿海航行和定位 （注：对仅在不要求配备 ECDIS 的船上工作的人员不要求该设备使用方面的培训和评估，但应当限制在给反映该事实的海员适任证书的签证中） 使用 ECDIS 的全面知识和能力	1.1.5 电子海图的使用 1. 了解电子海图系统的主要类型 2. 熟悉矢量海图与光栅海图区别 3. 熟悉有关 ECDIS 定义与术语 4. 了解 ECDIS 数据主要特性如数据定义、数据内容、数据结构、属性、数据质量及精度等 5. 熟悉定位参考系统 6. 熟悉 ECDIS 显示特征 7. 熟悉海图数据显示范围等级的安全参数 8. 熟悉 ECDIS 提供的安全参数 9. 熟悉各种传感器，及其精度等级范围与选择 10. 熟悉 ECDIS 自动与手动功能 11. 熟悉更新的制作与发布（包括手动、半自动、自动更新） 12. 熟悉航线设计功能，包含计划航线计算，航次计划表计算功能、构建航线及最终航线选用等 13. 熟悉航路监控功能，包括监测航线测量与计算、开发水域、沿岸及受限水域 ECDIS 导航、风流影响等	1 ECDIS 系统组成 1.1 ECDIS 系统构成配置 1.2 检查传感器的连接 1.3 ECDIS 训练工作站的启用 2 ECDIS 数据管理 2.1 ECDIS 系统使用数据查询与获取 2.2 海图数据获取与安装 2.3 海图数据获取改正与更新功能操作 3 ECDIS 基本导航功能设置 3.1 本船参数设置 3.2 安全监控参数设置 3.3 海区的选择 3.4 海图数据显示分层选择 3.5 海图比例尺显示的正确使用 3.6 海图信息的查取 3.7 沿海水域海图显示基本练习 4 ECDIS 航线设计 4.1 船舶操纵性参数设置 4.2 查验安全参数核实 4.3 航路的检查设置与激活 4.4 构建航线 4.5 优化航线 4.6 航次计划表 4.7 沿海及限制水域的航线设计练习 5 航路监控功能 5.1 定位参考系统连接 5.2 船位的检查与核实 5.3 航路监控模式的设置与激活 5.4 矢量时间设置 5.5 各种警告信息及应对 5.6 开放水域的航路监控练习	1. 以有助于安全航行的方式监控 ECDIS 信息 2. 正确地解释和分析从 ECDIS（包括雷达叠加和/或雷达跟踪功能，如装有）获取的信息，并考虑设备的局限性，包括所有相连的传感器（如连接）以及当时的环境和条件 3. 通过 ECDIS 控制的航迹保持功能（当装有）调节船舶航向和航速，使船舶的航行安全得以保持 4. 在任何时候都以海员的方式清楚、简要地交流并确认	14	16

7. 适用对象：500总吨及以上二/三副

职能1：航行

适任要求	理论知识与要求	实践技能与要求	评价标准	课时 理论	课时 实操
1.3 使用ECDIS保持航行安全 （注：对仪在不要求配备ECDIS的船上的工作人员不要求从决进行接设备使用方面的培训和评估，但应限制在该职能反映在给当事海员签发的签证中） 使用ECDIS导航ECDIS运行的性能和限制的知识，包括： 1. 全面理解电子导航图（ENC）数据、数据精度、呈现规则、显示选择和其他海图数据格式过分依赖的危险性 2. 了解定位参考系统 3. 熟悉有效的性能标准所要求的ECDIS功能熟练地使用方面，包括正确使用功能和调整到所需设置 （1）ECDIS与各类装置中其他导航系统集成功能的使用，包括正确使用功能和调整到所需设置 （2）安全地监视和调整下列信息，包括：本船位置、海区显示、模式和定向、显示的海图数据、航路监视、用户创建的信息层、目标（当接入AIS和/或雷达跟踪时）和雷达叠加功能（当接入时） （3）使用不同方式确认船位	1.3 ECDIS 的使用 1. 掌握电子海图系统的主要类型 2. 了解矢量海图与光栅海图区别 3. 熟悉有关ECDIS定义与术语 4. 了解ECDIS数据主要特性如数据定义、呈现规则、数据结构、属性、数据质量及精度等 5. 了解定位参考系统的危险性 6. 掌握ECDIS显示特征 7. 掌握海图数据显示等级范围与选择 8. 掌握ECDIS提供的安全参数 9. 掌握ECDIS自动与手动功能 10. 掌握各种传感器，及其精度要求与故障响应 11. 了解海图更新的制作与发布（包括手动、半自动、自动更新） 12. 掌握航线设计功能，包含计划航线计算、航次计划表计算、备用航线、航线安全检测、航次航线选用及最终航线设计等 13. 掌握航路监控功能，包括监测航线测量与计算、开发水域、沿岸及受限水域ECDIS导航，风流影响等 14. 掌握ECDIS导航中的特定功能	1 ECDIS系统组成 1.1 ECDIS系统构成配置 1.2 检查传感器的连接 1.3 ECDIS训练工作站的启用 2 ECDIS数据管理 2.1 ECDIS系统使用数据查询与获取 2.2 海图数据获取与安装 2.3 海图数据修正与更新操作 3 ECDIS基本导航功能操作 3.1 本船参数设置 3.2 安全监控参数设置 3.3 海区的选择 3.4 海图数据显示分层选择 3.5 海图比例的正确使用 3.6 海图信息的查取 3.7 沿海水域海图显示基本练习 4 ECDIS航线设计 4.1 船舶操纵性参数设置 4.2 查验内置潮汐水流气候资料 4.3 构建航线 4.4 航线安全检测 4.5 优化航线 4.6 航次计划表 4.7 沿海及受限水域的航线设计练习	1. 以有助于安全航行的方式监控ECDIS信息 2. 正确地解释和分析从ECDIS（包括雷达叠加和/或雷达跟踪功能，如有）获取的信息，并考虑有所有相连的传感器（包括雷达和AIS，如连接）以及当时的环境局限性和条件 3. 通过ECDIS控制的航迹保持功能（当装有）调节船舶航向和航速，使船舶的航行安全得以保持 4. 在任何时候都以海员的方式清楚、简要而确认交流并确认	20	20

续表

适任要求	理论知识与要求	实践技能与要求	评价标准	课时	
				理论	实操
职能 1: 航行					
(4) 充分使用参数设置以确保操作程序的符合性, 包括物标预防搁浅, 临近物标和特殊区域的报警参数、海图数据的完整性、海图更新状态和备用方案 (5) 调整设置和数值以适合当前情况 (6) 使用 ECDIS 时的情景意识, 包括安全水域和对危险的临近程度、流向和流速、海图数据和比例尺选择、航路的适合性、物标探测和管理, 以及传感器的集成性	15. 掌握状态指示, 指示器与报警含义及处理方法 16. 了解典型的解析误差及避免误差的应对 17. 了解航次记录, 操作与回放航迹 18. 了解过度依赖 ECDIS 的风险	5 航路监控功能 5.1 定位参考系统连接 5.2 船位的检查与核实 5.3 航路监控模式的设置与激活 5.4 矢量时间设置 5.5 各种警告信息及应对 5.6 开放水域的航路监控练习 6 ECDIS 与其他系统集成导航 6.1 雷达/ARPA 跟踪目标叠加 6.2 演示 AIS 功能叠加 6.3 ECDIS 中自动航迹控制系统功能使用 6.4 限制水域的 ECDIS 综合导航练习 7 系统记录管理 7.1 系统重置与备份 7.2 利用 ECDIS 管理工具软件存档 7.3 数据录入与航海日志 7.4 回放操作 8 ECDIS 系统风险 8.1 后备系统 8.2 系统测试 8.3 过度依赖 ECDIS 的风险			

8. 适用对象：未满500总吨二/三副

职能1：航行

适任要求	理论知识与要求	实践技能与要求	评价标准	课时（理论）	课时（实操）
1.1 计划并引导沿海航行和定位 （注：对仪在不要求配备ECDIS的船上工作的人员不要求该工作进行该设备使用方面的培训和评估，但该限制应反映在给当事海员签发的证书中） 使用ECDIS的全面知识和能力	1.1.5 电子海图的使用 1. 了解电子海图系统的主要类型 2. 熟悉矢量海图与光栅海图区别 3. 熟悉有关ECDIS定义与术语 4. 了解ECDIS数据主要特性如数据定义、数据内容、数据结构、属性、数据质量及精度等 5. 熟悉ECDIS定位参考系统 6. 熟悉ECDIS显示特征 7. 熟悉海图数据显示等级范围与选择 8. 熟悉ECDIS提供的安全参数 9. 熟悉ECDIS自动化功能 10. 熟悉各种传感器，及其精度要求与故障响应 11. 熟悉更新的制作与发布（包括手动、半自动、自动更新） 12. 熟悉航路线设计功能，包含计划航线计算、航次计划表计算、构建航线、备用航线及最终航线选择等 13. 熟悉航路监控功能，包括监测航线测量与计算、开发利用沿岸及受限水域ECDIS导航、及受限水域航行，风流影响等	1 ECDIS系统组成 1.1 ECDIS系统构成配置 1.2 检查传感器的连接 1.3 ECDIS训练工作站的启用 2 ECDIS数据管理 2.1 ECDIS系统使用数据查询与获取 2.2 海图数据获取与安装 2.3 海图数据修改正与更新操作 3 ECDIS基本导航功能操作 3.1 本船参数设置 3.2 安全监控参数设置 3.3 海区的选择 3.4 海图数据显示分层选择 3.5 海图比例尺的正确使用 3.6 海图信息的查取 3.7 沿海水域海图显示基本练习 4 ECDIS航线设计 4.1 船舶操纵性参数设置 4.2 查验内置潮汐水流气候资料 4.3 构建航线 4.4 航线安全检测 4.5 优化航线 4.6 航次计划表 4.7 沿海及限制水域的航线设计练习	1. 以有助于安全航行的方式监控ECDIS信息 2. 正确地解释和分析从ECDIS（包括雷达叠加功能和/或雷达跟踪功能，如装有）获取的信息，并参考其他的传感器，所有相连的传感器（包括雷达和AIS，如连接）以及当时的环境条件 3. 通过ECDIS控制的航迹保持功能（当装有）调节船舶航向和航速，使船舶的航行安全得以保持 4. 在任何时候都以海员的方式清楚、简要地交流并确认	15	16

续表

适任要求	理论知识与要求	实践技能与要求	评价标准	课时	
				理论	实操
职能 1：航行		5　航路监控功能 5.1　定位参考系统连接 5.2　船位的检查与核实 5.3　航路监控模式的设置与激活 5.4　矢量时间设置 5.5　各种警告信息及应对 5.6　开放水域的航路监控练习			

附录二 《海船船员适任评估规范》（节选）

电子海图显示与信息系统（电子海图系统）

（适用对象：无限航区 500 总吨及以上船舶大副）

1. 评估目的

通过评估，检验被评估者掌握使用电子海图显示与信息系统的相关知识和技能并能正确进行操作和应用的能力，以满足 STCW 公约马尼拉修正案及中华人民共和国海事局海船船员适任考试评估的有关要求。

2. 评估内容

2.1 系统检查与故障检测

2.2 系统数据与显示

2.3 航线设计与航次计划

2.4 航行监控

2.5 航海日志

2.6 过分依赖电子海图的风险

3. 评估要素及标准

3.1 系统检查与故障检测（10 分）

3.1.1 系统检查（5 分）

（1）评估要素（任选一项）

①检查电子海图系统硬件组成是否满足我国主管机关的相关要求以及各接入系统的接口配置是否正确、信号是否正确接入；

②检查电子海图显示与信息系统硬件组成是否满足国际海事组织相关规定要求、是否通过了类型认证、各传感器接口配置是否正确、信号是否正确接入。

（2）评估标准

①操作准确、熟练（5 分）

②操作准确、比较熟练（4 分）

③操作准确、熟练程度一般（3 分）

④操作较差（2 分）

⑤操作差（1分）

⑥不能操作（0分）

3.1.2　故障检测（5分）

（1）评估要素（任选一项）

①系统故障测试方法、功能自检与故障排除；

②备用系统的配置检验、接替值班方式检验；

③系统是否可以替代纸质海图检验。

（2）评估标准

①操作准确、熟练（5分）

②操作准确、比较熟练（4分）

③操作准确、熟练程度一般（3分）

④操作较差（2分）

⑤操作差（1分）

⑥不能操作（0分）

3.2　系统数据与显示（20分）

3.2.1、3.2.2、3.2.3中任选2项，3.2.4必选

3.2.1　电子海图数据（5分）

（1）评估要素

电子海图数据查验（不同海图调用顺序、海图版本、数据错误）

（2）评估标准

①操作准确、熟练（5分）

②操作准确、比较熟练（4分）

③操作准确、熟练程度一般（3分）

④操作较差（2分）

⑤操作差（1分）

⑥不能操作（0分）

3.2.2　辅助数据的使用（5分）

（1）评估要素

辅助数据查验（版本信息、是否需要更新）

（2）评估标准

①回答准确、熟练（5分）

②回答准确、比较熟练（4分）

③回答准确、熟练程度一般（3分）

④回答较差（2分）

⑤回答差（1分）

⑥不能回答（0分）

3.2.3 海图改正（5分）

（1）评估要素

数据更新检验

（2）评估标准

①操作准确、熟练（5分）

②操作准确、比较熟练（4分）

③操作准确、熟练程度一般（3分）

④操作较差（2分）

⑤操作差（1分）

⑥不能操作（0分）

3.2.4 系统显示（10分）

（1）评估要素（任选2项）

①不同定位系统数据的使用设置、显示与误差鉴别；

②不同数据坐标系、参照系的检查与修正；

③本船与他船航行矢量的设置与显示；

④不同矢量稳定模式显示；

⑤雷达信息真北和罗经北的差别识别与修正；

⑥强调显示的识别（水深、安全等深线、浅水阴影）；

⑦报警信息（数据、航行预设备故障）显示与确认处理。

（2）评估标准

①操作准确、熟练（10分）

②操作准确、比较熟练（8分）

③操作准确、熟练程度一般（6分）

④操作较差（4分）

⑤操作差（2分）

⑥不能操作（0分）

3.3 航线设计与航次计划（20分）

3.3.1 系统安全参数检验（10分）

（1）评估要素（任选2项）

①检验本船安全等深线的设定是否符合要求；

②检验安全水深的设定是否符合要求；

③检验安全距离的设定是否符合要求。

（2）评估标准

①操作准确、熟练（10分）

②操作准确、比较熟练（8分）

③操作准确、熟练程度一般（6分）

④操作较差（4分）

⑤操作差（2分）

⑥不能操作（0分）

3.3.2　航次计划表（10分）

（1）评估要素

利用航线计划表结合海图进行安全检查并检验航线设计的可行性。

（2）评估标准

①操作准确、熟练（10分）

②操作准确、比较熟练（8分）

③操作准确、熟练程度一般（6分）

④操作较差（4分）

⑤操作差（2分）

⑥不能操作（0分）

3.4　航行监控（20分）

3.4.1　基本监控（10分）

（1）评估要素（①必选，其他任选1项）

①调入船舶航行航线；

②查验各种提示和安全监控参数；

③查验坐标系、参考系统的修正并作适当处理；

④查看主、辅航迹的相对状态，视情况查验、处理船位误差；

⑤正确使用雷达（包括雷达图像叠加）定位并结合 AIS 数据进行避碰决策、试操船，从而采取避碰行动。

（2）评估标准

①操作准确、熟练（10分）

②操作准确、比较熟练（8分）

③操作准确、熟练程度一般（6分）

④操作较差（4分）

⑤操作差（2分）

⑥不能操作（0分）

3.4.2　特殊情况应对（10分）

（1）评估要素（任选2项）

①航行报警：穿越安全等深线、偏航、偏离航线、接近危险点、接近孤立危险物或危险区、穿越特殊区域等；

②船位报警：主船位丢失、辅船位丢失、航迹推算船位异常；

③系统报警：系统测试与故障排除。

（2）评估标准

①操作准确、熟练（10分）

②操作准确、比较熟练（8分）

③操作准确、熟练程度一般（6分）

④操作较差（4分）

⑤操作差（2分）

⑥不能操作（0分）

3.5 航海日志（20分）

3.5.1 航行记录（10分）

（1）评估要素（任选2项）

①设定自动记录时间间隔；

②变更船时；

③按需即时插入记录；

④输入附加数据。

（2）评估标准

①操作准确、熟练（10分）

②操作准确、比较熟练（8分）

③操作准确、熟练程度一般（6分）

④操作较差（4分）

⑤操作差（2分）

⑥不能操作（0分）

3.5.2 查看航行记录（5分）

（1）评估要素（任选1项）

①重现航迹；

②查看航行记录。

（2）评估标准

①操作准确、熟练（5分）

②操作准确、比较熟练（4分）

③操作准确、熟练程度一般（3分）

④操作较差（2分）

⑤操作差（1分）

⑥不能操作（0分）

3.5.3 输出航行记录（5分）

（1）评估要素

检查航行记录输出至数据记录仪的情况。

（2）评估标准

①操作准确、熟练（5分）

②操作准确、比较熟练（4分）

③操作准确、熟练程度一般（3分）

④操作较差（2分）

⑤操作差（1分）

⑥不能操作（0分）

3.6 过分依赖电子海图的风险（10分）

（1）评估要素（任选1项）

①海图数据的误差导致风险的识别；

②船位误差或错误导致风险的识别；

③硬件故障或数据误差导致风险的识别；

④系统的可靠性导致风险的识别；

⑤系统操作误差导致风险的识别。

（2）评估标准

①操作准确、熟练（10分）

②操作准确、比较熟练（8分）

③操作准确、熟练程度一般（6分）

④操作较差（4分）

⑤操作差（2分）

⑥不能操作（0分）

4. 评估方法

4.1 评估形式

（1）评估员根据评估要素及标准中规定的内容计分方法组成提卡由考生抽选进行评估；

（2）考生根据要求进行在模拟器上实操。

4.2 成绩评定

总分100分，得80分及以上者视为及格，否则不及格。

4.3 评估时间

每人次不超过90分钟

电子海图显示与信息系统（电子海图系统）

（适用对象：沿海航区 500 总吨及以上船舶船长/大副）

（未满 500 总吨船长/大副吨位提高需通过本项评估）

1. 评估目的

通过评估，检验被评估者掌握使用电子海图显示与信息系统的相关知识和技能并能正确进行操作和应用的能力，以满足 STCW 公约马尼拉修正案及中华人民共和国海事局海船船员适任考试评估的有关要求。

2. 评估内容

2.1 系统检查与故障检测

2.2 系统数据与显示

2.3 航线设计与航次计划

2.4 航行监控

2.5 航海日志

2.6 过分依赖电子海图的风险

3. 评估要素及标准

3.1 系统检查与故障检测（10分）

3.1.1 系统检查（5分）

（1）评估要素

①检查电子海图系统硬件组成是否满足我国主管机关的相关要求以及各接入系统的接口配置是否正确、信号是否正确接入。

（2）评估标准

①操作准确、熟练（5分）

②操作准确、比较熟练（4分）

③操作准确、熟练程度一般（3分）

④操作较差（2分）

⑤操作差（1分）

⑥不能操作（0分）

3.1.2 故障检测（5分）

（1）评估要素（任选一项）

①系统故障测试方法、功能自检与故障排除；

②备用系统的配置检验、接替值班方式检验；

③系统是否可以替代纸质海图检验。

（2）评估标准

①操作准确、熟练（5分）

②操作准确、比较熟练（4分）

③操作准确、熟练程度一般（3分）

④操作较差（2分）

⑤操作差（1分）

⑥不能操作（0分）

3.2 系统数据与显示（20分）

3.2.1、3.2.2、3.2.3中任选2项，3.2.4必选

3.2.1 电子海图数据（5分）

（1）评估要素

电子海图数据查验（不同海图调用顺序、海图版本、数据错误）

（2）评估标准

①操作准确、熟练（5分）

②操作准确、比较熟练（4分）

③操作准确、熟练程度一般（3分）

④操作较差（2分）

⑤操作差（1分）

⑥不能操作（0分）

3.2.2 辅助数据的使用（5分）

（1）评估要素

辅助数据查验（版本信息、是否需要更新）

（2）评估标准

①回答准确、熟练（5分）

②回答准确、比较熟练（4分）

③回答准确、熟练程度一般（3分）

④回答较差（2分）

⑤回答差（1分）

⑥不能回答（0分）

3.2.3 海图改正（5分）

（1）评估要素

数据更新检验

（2）评估标准

①操作准确、熟练（5分）

②操作准确、比较熟练（4分）

③操作准确、熟练程度一般（3分）

④操作较差（2分）

⑤操作差（1分）

⑥不能操作（0分）

3.2.4 系统显示（10分）

（1）评估要素（任选2项）

①不同定位系统数据的使用设置、显示与误差鉴别；

②不同数据坐标系、参照系的检查与修正；

③本船与他船航行矢量的设置与显示；

④不同矢量稳定模式显示；

⑤雷达信息真北和罗经北的差别识别与修正；

⑥强调显示的识别（水深、安全等深线、浅水阴影）；

⑦报警信息（数据、航行预设备故障）显示与确认处理。

（2）评估标准

①操作准确、熟练（10分）

②操作准确、比较熟练（8分）

③操作准确、熟练程度一般（6分）

④操作较差（4分）

⑤操作差（2分）

⑥不能操作（0分）

3.3 航线设计与航次计划（20分）

3.3.1 系统安全参数检验（10分）

（1）评估要素（任选2项）

①检验本船安全等深线的设定是否符合要求；

②检验安全水深的设定是否符合要求；

③检验安全距离的设定是否符合要求。

（2）评估标准

①操作准确、熟练（10分）

②操作准确、比较熟练（8分）

③操作准确、熟练程度一般（6分）

④操作较差（4分）

⑤操作差（2分）

⑥不能操作（0分）

3.3.2 航次计划表（10分）

（1）评估要素

利用航线计划表结合海图进行安全检查并检验航线设计的可行性。

（2）评估标准

①操作准确、熟练（10分）

②操作准确、比较熟练（8分）

③操作准确、熟练程度一般（6分）

④操作较差（4分）

⑤操作差（2分）

⑥不能操作（0分）

3.4 航行监控（20分）

3.4.1 基本监控（10分）

（1）评估要素（①必选，其他任选1项）

①调入船舶航行航线；

②查验各种提示和安全监控参数；

③查验坐标系、参考系统的修正并作适当处理；

④查看主、辅航迹的相对状态，视情况查验、处理船位误差；

⑤正确使用雷达（包括雷达图像叠加）定位并结合 AIS 数据进行避碰决策、试操船，从而采取避碰行动。

（2）评估标准

①操作准确、熟练（10分）

②操作准确、比较熟练（8分）

③操作准确、熟练程度一般（6分）

④操作较差（4分）

⑤操作差（2分）

⑥不能操作（0分）

3.4.2 特殊情况应对（10分）

（1）评估要素（任选2项）

①航行报警：穿越安全等深线、偏航、偏离航线、接近危险点、接近孤立危险物或危险区、穿越特殊区域等；

②船位报警：主船位丢失、辅船位丢失、航迹推算船位异常；

③系统报警：系统测试与故障排除。

（2）评估标准

①操作准确、熟练（10分）

②操作准确、比较熟练（8分）

③操作准确、熟练程度一般（6分）

④操作较差（4分）

⑤操作差（2分）

⑥不能操作（0分）

3.5 航海日志（20分）

3.5.1 航行记录（10分）

（1）评估要素（任选2项）

①设定自动记录时间间隔；

②变更船时；

③按需即时插入记录；

④输入附加数据。

（2）评估标准

①操作准确、熟练（10分）

②操作准确、比较熟练（8分）

③操作准确、熟练程度一般（6分）

④操作较差（4分）

⑤操作差（2分）

⑥不能操作（0分）

3.5.2 查看航行记录（5分）

（1）评估要素（任选1项）

①重现航迹；

②查看航行记录。

（2）评估标准

①操作准确、熟练（5分）

②操作准确、比较熟练（4分）

③操作准确、熟练程度一般（3分）

④操作较差（2分）

⑤操作差（1分）

⑥不能操作（0分）

3.5.3 输出航行记录（5分）

（1）评估要素

检查航行记录输出至数据记录仪的情况。

（2）评估标准

①操作准确、熟练（5分）

②操作准确、比较熟练（4分）

③操作准确、熟练程度一般（3分）

④操作较差（2分）

⑤操作差（1分）

⑥不能操作（0分）

3.6 过分依赖电子海图的风险 （10分）

（1）评估要素（任选 1 项）

①海图数据的误差导致风险的识别；

②船位误差或错误导致风险的识别；

③硬件故障或数据误差导致风险的识别；

④系统的可靠性导致风险的识别；

⑤系统操作误差导致风险的识别。

（2）评估标准

①操作准确、熟练（10分）

②操作准确、比较熟练（8分）

③操作准确、熟练程度一般（6分）

④操作较差（4分）

⑤操作差（2分）

⑥不能操作（0分）

4. 评估方法

4.1 评估形式

（1）评估员根据评估要素及标准中规定的内容计分方法组成提卡由考生抽选进行评估；

（2）考生根据要求进行在模拟器上实操。

4.2 成绩评定

总分 100 分，得 80 分及以上者视为及格，否则不及格。

4.3 评估时间

每人次不超过 90 分钟

电子海图显示与信息系统（电子海图系统）

（适用对象：无限航区 500 总吨及以上二/三副）

1. 评估目的

通过评估，检验被评估者掌握使用电子海图显示与信息系统的相关知识和技能并能正确进行操作和应用的能力，以满足 STCW 公约马尼拉修正案及中华人民共和国海事局海船船员适任考试评估的有关要求。

2. 评估内容

2.1 系统检查与故障检测

2.2 系统数据与显示

2.3 航线设计与航次计划

2.4 航行监控

2.5 航海日志

2.6 过分依赖电子海图的风险

3. 评估要素及标准

3.1 系统检查与故障检测（10 分）

3.1.1 系统检查（5 分）

（1）评估要素（任选 1 项）

①开启电子海图系统并检查各传感器信号是否正常接入；

②开启电子海图显示与信息系统并检查各传感器信号是否正常接入。

（2）评估标准

①操作准确、熟练（5 分）

②操作准确、比较熟练（4 分）

③操作准确、熟练程度一般（3 分）

④操作较差（2 分）

⑤操作差（1 分）

⑥不能操作（0 分）

3.1.2 故障检测（5 分）

（1）评估要素（任选 1 项）

①系统故障测试方法、功能自检与故障排除；

②备用系统的配置检验、接替值班方式检验；

（2）评估标准

①操作准确、熟练（5分）

②操作准确、比较熟练（4分）

③操作准确、熟练程度一般（3分）

④操作较差（2分）

⑤操作差（1分）

⑥不能操作（0分）

3.2　系统数据与显示（20分）

3.2.1、3.2.2、3.2.3中任选2项，3.2.4必选

3.2.1　电子海图数据（5分）

（1）评估要素（任选1项）

①电子航海图数据调用、出版、发行与改正信息查询；

②光栅航海图调用、出版、发行与改正信息查询；

③其他电子海图数据调用、出版、发行与改正信息查询；

④电子海图比例尺变更操作。

（2）评估标准

①操作准确、熟练（5分）

②操作准确、比较熟练（4分）

③操作准确、熟练程度一般（3分）

④操作较差（2分）

⑤操作差（1分）

⑥不能操作（0分）

3.2.2　辅助数据的使用（5分）

（1）评估要素

航路指南、大洋航路、潮汐表、港口数据等的使用。

（2）评估标准

①回答准确、熟练（5分）

②回答准确、比较熟练（4分）

③回答准确、熟练程度一般（3分）

④回答较差（2分）

⑤回答差（1分）

⑥不能回答（0分）

3.2.3　海图改正（5分）

（1）评估要素（任选1项）

①自动与手动改正海图及辅助数据；

②船员标绘。

（2）评估标准

①操作准确、熟练（5分）

②操作准确、比较熟练（4分）

③操作准确、熟练程度一般（3分）

④操作较差（2分）

⑤操作差（1分）

⑥不能操作（0分）

3.2.4 系统显示（10分）

（1）评估要素（任选2项）

①光标、电子方位线和距离圈的设置与使用；

②不同电子海图的数据显示特点、识图与光栅海图显示方式局限性；

③电子海图显示与信息系统的三种显示方式的正确使用；

④不同层次、类别数据的理解与显示、符号与经纬线显示与控制；

⑤不同定位系统数据的使用设置、显示与误差鉴别；

⑥雷达、AIS、罗经、测深仪、计程仪等设备信息的显示；

⑦不同数据坐标、参照系的检查与修正；

⑧本船与他船航行矢量的设置与显示；

⑨不同矢量稳定模式显示；

⑩雷达信息真北和罗经北的差别识别与修正；

⑪不同背景显示的使用；

⑫强调显示的识别（水深、安全等深线、浅水阴影）；

⑬报警信息（数据、航行与设备故障）显示与确认处理。

（2）评估标准

①操作准确、熟练（10分）

②操作准确、比较熟练（8分）

③操作准确、熟练程度一般（6分）

④操作较差（4分）

⑤操作差（2分）

⑥不能操作（0分）

3.3 航线设计与航次计划（20分）

3.3.1 参数设置（5分）

（1）评估要素（任选1项）

①设置本船的尺度、吃水；

②设置与系统连接的定位系统天线、雷达天线、测深仪的位置；

③本船安全等深线的设定；

④安全水深（安全水域）和安全距离的设定。

（2）评估标准

①操作准确、熟练（5分）

②操作准确、比较熟练（4分）

③操作准确、熟练程度一般（3分）

④操作较差（2分）

⑤操作差（1分）

⑥不能操作（0分）

3.3.2 航线设计（10分）

（1）评估要素（第①项必选，其他任选1项）

①按要求设计一条航线（沿海航区考生，设计从青岛以北到厦门以南的完整航线类似完整国内航线；无限航区考生，设计中国港口到日本/新加坡或类似完整国际航线）；

②对航线进行安全检查；

③航线的反向使用。

（2）评估标准

①操作准确、熟练（10分）

②操作准确、比较熟练（8分）

③操作准确、熟练程度一般（6分）

④操作较差（4分）

⑤操作差（2分）

⑥不能操作（0分）

3.3.3 航次计划表（5分）

（1）评估要素

调出航线计划表对航线进行有关转向点、大圆航线或恒向线、安全偏航距、航向、开航时间、停留时间、预计航速等参数的调整、编辑与存储。

（2）评估标准

①操作准确、熟练（5分）

②操作准确、比较熟练（4分）

③操作准确、熟练程度一般（3分）

④操作较差（2分）

⑤操作差（1分）

⑥不能操作（0分）

3.4 航行监控（25分）

3.4.1 基本监控（15分）

（1）评估要素（第①项必选，其他任选2项）

①调入船舶航行航线；

②查验各种提示和安全监控参数；

③设定矢量时间；

④查验坐标系、参考系统的修正并作适当处理；

⑤根据提示转向；

⑥查看主、辅航迹的相对状态，视情况查验、处理船位误差；

⑦输入数据以计算风流压差；

⑧测量坐标、航向、方位和距离；

⑨必要时手动修改航线、船位、航向和航速数据；

⑩正确使用雷达（包括雷达图像叠加）定位并结合 AIS 数据进行避碰决策、试操船、从而采取避碰行动。

（2）评估标准

①操作准确、熟练（15分）

②操作准确、比较熟练（12分）

③操作准确、熟练程度一般（9分）

④操作较差（6分）

⑤操作差（3分）

⑥不能操作（0分）

3.4.2 特殊情况应对（10分）

（1）评估要素（任选2项）

①航行报警：穿越安全等深线、偏航、偏离航线、接近危险点、接近孤立危险物或危险区、穿越特殊区域等；

②船位报警：主船位丢失、辅船位丢失、航迹推算船位异常；

③系统报警：系统测试与故障排除。

（2）评估标准

①操作准确、熟练（10分）

②操作准确、比较熟练（8分）

③操作准确、熟练程度一般（6分）

④操作较差（4分）

⑤操作差（2分）

⑥不能操作（0分）

3.5 航海日志（20分）

3.5.1 航行记录（10分）

（1）评估要素（任选2项）

①设定自动记录时间间隔；

②变更船时；

③按需即时插入记录；

④输入附加数据。

（2）评估标准

①操作准确、熟练（10分）

②操作准确、比较熟练（8分）

③操作准确、熟练程度一般（6分）

④操作较差（4分）

⑤操作差（2分）

⑥不能操作（0分）

3.5.2 查看航行记录（5分）

（1）评估要素

查看航行记录。

（2）评估标准

①操作准确、熟练（5分）

②操作准确、比较熟练（4分）

③操作准确、熟练程度一般（3分）

④操作较差（2分）

⑤操作差（1分）

⑥不能操作（0分）

3.5.3 输出航行记录（5分）

（1）评估要素（任选1项）

①编制航次数据和报给；

②打印航行记录内容；

③检查航行记录输出至航行数据记录仪的情况。

（2）评估标准

①操作准确、熟练（5分）

②操作准确、比较熟练（4分）

③操作准确、熟练程度一般（3分）

④操作较差（2分）

⑤操作差（1分）

⑥不能操作（0分）

3.6 过分依赖电子海图的风险（5分）

（1）评估要素（任选1项）

①海图数据的误差导致风险的识别；

②船位误差或错误导致风险的识别；

③硬件故障或数据误差导致风险的识别；

④系统的可靠性导致风险的识别；

⑤系统操作误差导致风险的识别。

（2）评估标准

①操作准确、熟练（5分）

②操作准确、比较熟练（4分）

③操作准确、熟练程度一般（3分）

④操作较差（2分）

⑤操作差（1分）

⑥不能操作（0分）

4. 评估方法

4.1　评估形式

（1）评估员根据评估要素及标准中规定的内容计分方法组成提卡由考生抽选进行评估；

（2）考生根据要求进行在模拟器上实操。

4.2　成绩评定

总分100分，得60分及以上者视为及格，否则不及格。

4.3　评估时间

每人次不超过90分钟

电子海图显示与信息系统（电子海图系统）

（适用对象：沿海航区 500 总吨及以上二/三副）

（未满 500 总吨二/三副吨位提高需通过本项评估）

1. 评估目的

通过评估，检验被评估者掌握使用电子海图显示与信息系统的相关知识和技能并能正确进行操作和应用的能力，以满足 STCW 公约马尼拉修正案及中华人民共和国海事局海船船员适任考试评估的有关要求。

2. 评估内容

2.1　系统检查与故障检测

2.2　系统数据与显示

2.3　航线设计与航次计划

2.4　航行监控

2.5　航海日志

2.6　过分依赖电子海图的风险

3. 评估要素及标准

3.1　系统检查与故障检测（10 分）

3.1.1　系统检查（5 分）

（1）评估要素（任选 1 项）

①开启电子海图系统并检查各传感器信号是否正常接入；

②开启电子海图显示与信息系统并检查各传感器信号是否正常接入。

（2）评估标准

①操作准确、熟练（5 分）

②操作准确、比较熟练（4 分）

③操作准确、熟练程度一般（3 分）

④操作较差（2 分）

⑤操作差（1 分）

⑥不能操作（0 分）

3.1.2　故障检测（5 分）

（1）评估要素（任选 1 项）

①系统故障测试方法、功能自检与故障排除；

②备用系统的配置检验、接替值班方式检验；

（2）评估标准

①操作准确、熟练（5分）

②操作准确、比较熟练（4分）

③操作准确、熟练程度一般（3分）

④操作较差（2分）

⑤操作差（1分）

⑥不能操作（0分）

3.2 系统数据与显示（20分）

3.2.1、3.2.2、3.2.3中任选2项，3.2.4必选

3.2.1 电子海图数据（5分）

（1）评估要素（任选1项）

①电子航海图数据调用、出版、发行与改正信息查询；

②光栅航海图调用、出版、发行与改正信息查询；

③其他电子海图数据调用、出版、发行与改正信息查询；

④电子海图比例尺变更操作。

（2）评估标准

①操作准确、熟练（5分）

②操作准确、比较熟练（4分）

③操作准确、熟练程度一般（3分）

④操作较差（2分）

⑤操作差（1分）

⑥不能操作（0分）

3.2.2 辅助数据的使用（5分）

（1）评估要素

航路指南、大洋航路、潮汐表、港口数据等的使用。

（2）评估标准

①回答准确、熟练（5分）

②回答准确、比较熟练（4分）

③回答准确、熟练程度一般（3分）

④回答较差（2分）

⑤回答差（1分）

⑥不能回答（0分）

3.2.3 海图改正（5分）

（1）评估要素（任选1项）

①自动与手动改正海图及辅助数据；

②船员标绘。

（2）评估标准

①操作准确、熟练（5分）

②操作准确、比较熟练（4分）

③操作准确、熟练程度一般（3分）

④操作较差（2分）

⑤操作差（1分）

⑥不能操作（0分）

3.2.4　系统显示（10分）

（1）评估要素（任选2项）

①光标、电子方位线和距离圈的设置与使用；

②不同电子海图的数据显示特点、识图与光栅海图显示方式局限性；

③电子海图显示与信息系统的三种显示方式的正确使用；

④不同层次、类别数据的理解与显示、符号与经纬线显示与控制；

⑤不同定位系统数据的使用设置、显示与误差鉴别；

⑥雷达、AIS、罗经、测深仪、计程仪等设备信息的显示；

⑦不同数据坐标、参照系的检查与修正；

⑧本船与他船航行矢量的设置与显示；

⑨不同矢量稳定模式显示；

⑩雷达信息真北和罗经北的差别识别与修正；

⑪不同背景显示的使用；

⑫强调显示的识别（水深、安全等深线、浅水阴影）；

⑬报警信息（数据、航行与设备故障）显示与确认处理。

（2）评估标准

①操作准确、熟练（10分）

②操作准确、比较熟练（8分）

③操作准确、熟练程度一般（6分）

④操作较差（4分）

⑤操作差（2分）

⑥不能操作（0分）

3.3　航线设计与航次计划（20分）

3.3.1　参数设置（5分）

（1）评估要素（任选1项）

①设置本船的尺度、吃水；

②设置与系统连接的定位系统天线、雷达天线、测深仪的位置；

③本船安全等深线的设定；

④安全水深（安全水域）和安全距离的设定。

（2）评估标准

①操作准确、熟练（5分）

②操作准确、比较熟练（4分）

③操作准确、熟练程度一般（3分）

④操作较差（2分）

⑤操作差（1分）

⑥不能操作（0分）

3.3.2 航线设计（10分）

（1）评估要素（第①项必选，其他任选1项）

①按要求设计一条航线（设计从青岛以北到厦门以南的完整航线类似完整国内航线）；

②对航线进行安全检查；

③航线的反向使用。

（2）评估标准

①操作准确、熟练（10分）

②操作准确、比较熟练（8分）

③操作准确、熟练程度一般（6分）

④操作较差（4分）

⑤操作差（2分）

⑥不能操作（0分）

3.3.3 航次计划表（5分）

（1）评估要素

调出航线计划表对航线进行有关转向点、大圆航线或恒向线、安全偏航距、航向、开航时间、停留时间、预计航速等参数的调整、编辑与存储。

（2）评估标准

①操作准确、熟练（5分）

②操作准确、比较熟练（4分）

③操作准确、熟练程度一般（3分）

④操作较差（2分）

⑤操作差（1分）

⑥不能操作（0分）

3.4 航行监控（25分）

3.4.1 基本监控（15分）

（1）评估要素（第①项必选，其他任选2项）

①调入船舶航行航线；

②查验各种提示和安全监控参数；

③设定矢量时间；

④查验坐标系、参考系统的修正并作适当处理；

⑤根据提示转向；

⑥查看主、辅航迹的相对状态，视情况查验、处理船位误差；

⑦输入数据以计算风流压差；

⑧测量坐标、航向、方位和距离；

⑨必要时手动修改航线、船位、航向和航速数据；

⑩正确使用雷达（包括雷达图像叠加）定位并结合 AIS 数据进行避碰决策、试操船、从而采取避碰行动。

（2）评估标准

①操作准确、熟练（15 分）

②操作准确、比较熟练（12 分）

③操作准确、熟练程度一般（9 分）

④操作较差（6 分）

⑤操作差（3 分）

⑥不能操作（0 分）

3.4.2 特殊情况应对（10 分）

（1）评估要素（任选 2 项）

①航行报警：穿越安全等深线、偏航、偏离航线、接近危险点、接近孤立危险物或危险区、穿越特殊区域等；

②船位报警：主船位丢失、辅船位丢失、航迹推算船位异常；

③系统报警：系统测试与故障排除。

（2）评估标准

①操作准确、熟练（10 分）

②操作准确、比较熟练（8 分）

③操作准确、熟练程度一般（6 分）

④操作较差（4 分）

⑤操作差（2 分）

⑥不能操作（0 分）

3.5 航海日志（20 分）

3.5.1 航行记录（10 分）

（1）评估要素（任选 2 项）

①设定自动记录时间间隔；

②变更船时；

③按需即时插入记录；

④输入附加数据。

（2）评估标准

①操作准确、熟练（10分）

②操作准确、比较熟练（8分）

③操作准确、熟练程度一般（6分）

④操作较差（4分）

⑤操作差（2分）

⑥不能操作（0分）

3.5.2　查看航行记录（5分）

（1）评估要素

查看航行记录。

（2）评估标准

①操作准确、熟练（5分）

②操作准确、比较熟练（4分）

③操作准确、熟练程度一般（3分）

④操作较差（2分）

⑤操作差（1分）

⑥不能操作（0分）

3.5.3　输出航行记录（5分）

（1）评估要素（任选1项）

①编制航次数据和报给；

②打印航行记录内容；

③检查航行记录输出至航行数据记录仪的情况。

（2）评估标准

①操作准确、熟练（5分）

②操作准确、比较熟练（4分）

③操作准确、熟练程度一般（3分）

④操作较差（2分）

⑤操作差（1分）

⑥不能操作（0分）

3.6　过分依赖电子海图的风险（5分）

（1）评估要素（任选1项）

①海图数据的误差导致风险的识别；

②船位误差或错误导致风险的识别；

③硬件故障或数据误差导致风险的识别；

④系统的可靠性导致风险的识别；

⑤系统操作误差导致风险的识别。

（2）评估标准

①操作准确、熟练（5分）

②操作准确、比较熟练（4分）

③操作准确、熟练程度一般（3分）

④操作较差（2分）

⑤操作差（1分）

⑥不能操作（0分）

4. 评估方法

4.1　评估形式

（1）评估员根据评估要素及标准中规定的内容计分方法组成提卡由考生抽选进行评估；

（2）考生根据要求进行在模拟器上实操。

4.2　成绩评定

总分100分，得60分及以上者视为及格，否则不及格。

4.3　评估时间

每人次不超过90分钟

附录三　ECDIS 最低性能标准
摘译自 IEC61174

4　操作与性能的最低要求

4.1　导言

4.1.1　ECDIS 的主要功能是促进航行安全。

4.1.2　具有充分的备份装置的 ECDIS 被认为是符合 1974 年 SOLAS 公约 V/20 规章的最新要求。

4.1.3　作为 GMDSS 的组成部分，ECDIS 除了满足对船载无线电设备的基本要求、满足 IMO A.694 决议案对电子海图导航辅助设备的要求外，还应满足 IMO A.817 决议（ECDIS 性能标准）的要求。

4.1.4　ECDIS 应能够显示源自政府授权的海道测量机构的海图的所有与安全和高效航行相关的必要的海图信息。

4.1.5　ECDIS 应有简单而可靠的电子海图更新能力。

4.1.6　与使用纸质海图相比，使用 ECDIS 应能减少航海的工作量。它应使海员能够方便而及时地完成航线设计、航路监视，以及定位等通常在纸质海图上所进行的工作。

4.1.7　ECDIS 至少应具有与政府授权的海道测量机构出版的纸质海图相同的可靠性和可用性。

4.1.8　ECDIS 应对有关显示信息或设备故障提供适当的警告和提示。

4.1.9　在无法以适当形式获得相关的海图信息的情况下，某些 ECDIS 设备可以在"光栅海图显示系统（RCDS）"模式下工作。

4.2　ECDIS 的定义

4.2.1　ECDIS 是航行信息系统，它应具有充分的备份机制，能够满足 1974 年 SOLAS 公约 V/20 中对海图的最新要求，能够显示来自系统电子海图（SENC）中的海图信息和来自导航传感器的定位信息，以辅助海员进行航线设计、航路跟踪，并能够显示附加的航行相关信息。基准的地理坐标系为 WGS-84。

4.2.2　ENC 是指在内容、结构和格式方面标准化的电子海图数据库，它由政府授权的海道测量机构权威发布、应用于 ECDIS。ENC 包含了船舶安全航行所必需的所有海图信息，此外，也可以包含纸质海图信息内容以外的附加信息（例如航行方向），这些附加信息也被视为安全航行的必要信息。

4.2.3　SENC 是指具体的 ECDIS 系统的电子海图数据库。它是为了适于使用而由 ENC 转换而来、用适当的方法对 ENC 进行更新的结果，以及由海员添加的其他数据。该海图数据库实际上由 ECDIS 读取以生成电子海图显示及其他导航功能，它是最新改正的纸质海图的等效物。

4.2.4　标准显示时指 ECDIS 在初次显示海图时应当显示的 SENC 信息。它为航线设计和航路监视而提供的信息的层次，可以由海员根据需要修改。

4.2.5　显示基础是指那些不允许从显示画面中移除的 SENC 中的图层，它由在任何时间、在任何地理范围和任何情况下都需要的数据组成。（注意：显示基础对于安全航行而言并不充分。）

4.3　SENC 信息的显示

4.3.1　ECDIS 应能够显示 SENC 中的所有信息。

4.3.2　可用于航线设计和航路监视的 SENC 信息应当细分为三类：显示基础、标准显示和其他信息。

4.3.3　能通过一键式操作到达标准显示。

4.3.4　当 ECDIS 初次显示海图时，应在显示范围内以标准显示方式显示 SENC 中最大比例尺的海图信息。

4.3.5　在 ECDIS 的显示中，应当容易地增加或取消某些信息的显示。但不允许取消显示基础的内容。

4.3.6　应由海员从 SENC 中的等深线中选择一个安全等深线，ECDIS 应对安全等深线作突出的显示。

4.3.7　应由海员选择一个安全深度，ECDIS 应突出显示那些等于或小于安全深度的水深点。

4.3.8　ENC 及其改正所包含的内容，应能毫无缺失地予以显示。

4.3.9　ECDIS 应提供确保 ENC 及其改正数据正确装载到（导入）SENC 的手段。

4.3.10　显示的 ENC 及其改正内容应明显地与其他显示内容相区别。

4.4　提供并改正海图数据

4.4.1　ECDIS 中使用的海图数据应是由政府授权的海道测量结构发布的最新版本的数据并符号 IHO 的有关标准。

为了确认数据的发布日期及来源，ECDIS 应包含可用的 ENC 数据的图形索引，并能根据海员的要求读取每个 ENC 单元的版本信息及发布日期。新版本的 ENC 将取代原有版本及其由政府授权的海道测量机构发布的全部改正数据。

4.4.2　鉴于 1974 年 SOLAS 公约 V/20 的要求，对于计划的航次而言，SENC 的内容应是充分的和最新的

4.4.3　不允许改变 ENC 的内容。

4.4.4　更深数据应与 ENC 分开存储（可利用同一个存储区）。

4.4.5　ECDIS 应能接受符号 IHO 标准的对 ENC 数据的更新数据。这些更新数据应能自动应用到 SENC。无论以何种方式获得更新数据，其执行过程不应妨碍正在进行的显示。

更新数据的内容总是假定先前的更新数据已应用到 SENC。新版本的 ENC 应取代原有的 ENC 及其更新数据。

4.4.6　ECDIS 也应能够接受手工输入来改正 ENC 数据，并能在最终接受这些数据之前用简单的方法进行验证。手工输入的更新数据应与 ENC 数据和官方的更新数据区别明显，并且不影响显示的清晰度。

4.4.7　ECDIS 应保持更新记录，包括应用于 SENC 的时间。

4.4.8　ECDIS 应允许海员显示更新数据，以审查这些更新内容并确认他们已包含在 SENC 中。

4.5　比例尺

在下列情况下，ECDIS 应给出提示：

1. 海图信息以大于 ENC 中标出的比例尺显示；或者

2. 本船位置被一个比例尺大于当前显示比例尺的 ENC 覆盖。

4.6　其他航海信息的显示

4.6.1　雷达信息或其他航海信息可以叠加到 ECDIS 的显示中。然而，这不弱化 SENC 信息，并且应明显地与 SENC 信息相区别。

4.6.2　ECDIS 以及附加的航海信息应使用共用机制。若非如此，应给出提示。这种说明应包含在厂商的安装手册中。

4.6.3　雷达及其标绘信息

4.6.3.1　传送的雷达信息可以同时包括雷达图像和 ARPA/ATA/EPA 信息。

在添加运动信息的地方，应向操作者指出其矢量式相对运动矢量还是真运动矢量；如果是真运动矢量，还应指出他们是"对水的"还是"对地的"。

4.6.3.2　如果在 ECDIS 显示中叠加雷达图像，海图与雷达图像应在比例尺和方向上均匹配。另外，ECDIS 与雷达图像应在投影方式上匹配。

4.6.3.3　雷达图像与来自位置传感器的船位均应自动调节船体某参考点的位置偏移量。

4.6.3.4　应能手动调节画面中的本船显示的位置，以使雷达图像与 SENC 的显示相匹配。如果进行了偏移，则应明确地提示。偏移的细节应易于被了解。

4.6.3.5　应能通过单一操作动作移除雷达图像或附加运动信息。

4.7　显示模式及毗邻区域的生成

4.7.1　应当总是能够以北向上方式显示 SENC。其他方向也是允许的。

4.7.2　ECDIS 应提供真运动显示模式。其他显示模式也是允许的。

4.7.3　当使用真运动模式时，应能根据船员指定的边界距离自动进行海图重绘及毗邻区域生成。(注：即当本船移动到窗口边缘附近时，自动跳转海图，使本船始终保持在窗口内)。

4.8　颜色与符号

4.8.1　显示 SENC 的内容时，应使用 IHO 建议的颜色及符号。

4.8.2　除了 4.8.1 提及的要求外，其他用于显示导航要素及参数的颜色及符号在附件 B 和附件 E 中给出。

4.8.3 当 SENC 的数据以 ENC 中指定的比例尺显示时，应当使用规定的符号尺寸、图形和文字（注：言外之意，当显示比例尺不同于编辑比例尺时，允许改变符号尺寸和文字字号。）

4.9 显示要求

4.9.1 ECDIS 应能显示用于下列用途的信息：

1. 航路设计和辅助导航作业；

2. 航路监视。

4.9.2 用于航路监视的有效海图尺寸应不小于 270mmX270mm。

4.9.3 显示器应能符合 IHO 建议的颜色和分辨率。

4.9.4 无论是白天或是夜晚，显示方法应能确保显示的信息对于不少于两个观察者而言，在通常习惯的光线条件下都清晰可见。

4.10 航线计划、航路监视与航行记录

4.10.1 应能够以简便而可靠的方式进行航线设计及航路监视。

4.10.2 ECDIS 的设计应遵守用户友好操作的人工工程学原则。

4.10.3 ECDIS 进行报警或指示穿越本船安全等深线和进入禁航区时，应当总是使用 SENC 中可用的最大比例尺的数据。

4.10.4 计划航线编制

4.10.4.1 应能够进行包括直线和曲线航线段的航线计划编制。

4.10.4.2 应能通过下列措施调整已设计的航线：

1. 向航线添加转向点（航路点）；

2. 从航线中删除转向点；

3. 改变转向点位置；

4. 改变航线中转向点的次序。

4.10.4.3 除选定的航线外，还应能够设计一条备用航线。选定航线（在显示时）应当明显地区别于其他航线。

4.10.4.4 如果海员设计了一条穿越本船安全等深线的航线，要给出提示。

4.10.4.5 如果海员设计了一条穿越禁航区或存在特殊情况的区域的边界的航线，要给出提示。

4.10.4.6 应能由海员指定一个偏离计划航线的限度，当本船（与计划航线的偏离距离）达到这一限度时，应激活自动偏航报警（off track alarm）。

4.10.5 航路监视

4.10.5.1 在航路监视状态下，无论何时显示覆盖相应区域的海图，选定航线和本船位置应总是显示。

4.10.5.2 在进行航路监视时，应能显示不覆盖本船船位的海图区域（例如航路前瞻、航线设计时）。在发生这种情况时，应持续执行自动航路监视功能（例如更新船位、提供报警或提示等）。应能通过单一操作动作立即返回到覆盖本船位置的航路监视显示

状态。

4.10.5.3 当本船将要穿越安全等深线时，ECDIS 应能（预先）提供报警。报警时间的提前量可由海员设定。

4.10.5.4 当本船将要穿越禁航区或存在特殊情况的区域时，ECDIS 应（预先）提供由海员选择的报警或提示。报警时间的提前量可由海员设定。

4.10.5.5 当本船与计划航线的偏离超过设定的限度时，应提供报警。

4.10.5.6 本船位置信息应源自其精度符合安全航行要求的连续定位系统。只要有可能，还应准备另一种不同类型的、独立的定位手段。ECDIS 应能鉴别两种定位系统之间的差异。ECDIS 能够显示来自至少两种定位方法的船位，能够鉴别正在使用的方法，能够由操作者选择想要使用的方法。辅助的定位方法可能包括船位推算法（dead reckoning）。

4.10.5.7 当定位系统失去信号（无法获得其数据）时，ECDIS 应能提供报警。ECDIS 也应以提示的方法重复来自定位系统的报警或提示。

4.10.5.8 当本船将要到达计划航线上的临界点时，ECDIS 应（预先）提供报警。报警的时间或距离提前量可由海员设定。

4.10.5.9 定位系统与 SENC 应具有同一测量基准。若非如此，ECDIS 应给出报警。

4.10.5.10 除选定航线外，还应能够显示备用航线。选定航线应明显区别于其他航线。航行过程中，应能由海员修改选定航线或选择一条备用航线。

4.10.5.11 应能够显示：

1. 根据需要手动或定时自动沿着本船航迹标绘的时间标签。定时标绘的时间间隔为 1-120 分钟。

2. 足够数量的点、可随意移动的电子方位线（EBL）、可变距离标记（VRM）、固定距离标记和导航需要的其他符号。"足够数量的 EBL 和 VRM"意味着至少每种有一条。

4.10.5.12 应能够输入任何点的地理坐标并根据需要显示该点。也应能够在显示器上选择任何点（特征点、符号和位置）并根据需要读取其地理坐标。

4.10.5.13 应能够手工调节本船的地理位置。这种手工调节应以字母-数字在屏幕上标注、保持并自动记录，直到由海员进行更改。

4.10.6 航行记录

4.10.6.1 ECDIS 应存储某些最低限度的航线要素，并能够再现航行过程和查验最近 12 个小时使用的正式数据资料。下列数据应每隔 1 分钟记录一次：

1. 确保本船过去的航迹记录：时间、位置、艏向、速度；并

2. 确保使用的正式数据资料记录：ENC 来源、版本、发布日期、海图单元及更新历史。

4.10.6.2 此外，ECDIS 应记录整个航次的全部航迹（带有时间标记并且时间间隔不超过 4 小时）。为航行日志之用，整个航次的最大周期为三个月。

4.10.6.3 不允许伪造或更改已记录的数据。

4.10.6.4 ECDIS 应有能力保护最近 12 小时的记录和航迹。

4.11　精度

4.11.1　ECDIS 执行的所有计算的精度应与输出设备的特性无关，并与 SENC 的精度一致。输出设备包括 ECDIS 显示器、存储器或/和打印设备。

4.11.2　在显示器上标绘的或在已标绘的要素之间量测的方位和距离，其精度应与显示分辨率一致，但不高于 SENC 的编辑比例尺给出的精度。

4.12　与其他设备的连接（接口）

4.12.1　ECDIS 不应降低任何提供传感器输入的设备的性能。与可选设备的连接也不应降低本标准下的 ECDIS 的性能。

4.12.2　ECDIS 应连接到提供连续定位、艏向和速度信息的系统。

4.13　性能测试、故障报警与提示

4.13.1　ECDIS 应提供自动或手动进行主要功能在船测试的手段。当系统出现故障时，测试程序应显示信息，以指出错误所在的模块。主要功能的在船测试包括传感器输入数据的完整性测试。如果可以发现显示信息无效的原因，应向操作者给出适当而确切的警告。此类警告应符合 IMO MSC.64 决议案。

4.13.2　ECDIS 对系统故障提供适当的警告或提示。

4.14　备份装置

应提供适当的、独立于 ECDIS 的备份装置，以确保 ECDIS 在出现故障时船舶仍能安全航行：

1. 应听过能够安全接替 ECDIS 功能的装置，以确保 ECDIS 的故障不会导致紧迫局面的出现。

2. 应提供备份装置，在 ECDIS 故障时，以辅助手段完成本航次剩余航程的安全航行。

4.15　电力供应

4.15.1　在使用应急电源供电时，仍能够操作 ECDIS 以及所有必要的设备的正常功能。

4.15.2　改变供电电源或者中断供电达 45 秒钟，应无需对设备进行手动的重新初始化。在此电源中断期间，不要求设备保持运行。

附录四　海船船员适任评估练习题
电子海图显示与信息系统/电子海图系统
（无限航区二/三副）

第一题　系统检查与故障检测（任选一题）　　　　　　（10分）

1. 开启系统后，检查系统主要接入哪些传感器？检测传感器信号是否故障并指出故障排除方法。

2. 开启系统后，如何检查GPS传感器是否有信号？如果没信号如何排除故障？

3. 开启系统后，进入系统界面后检查哪些传感器信号不正常，并指出排除故障的方法。

4. 开启ECDIS模拟器后，请确认有哪些传感器报警并逐个指出排除故障的方法。

5. 开启系统后，SOG，COG位置显示为红色，请确认是哪个传感器信号不正常并指出排除故障的方法。

第二题　海图数据（任选一题）　　　　　　　　　　　（5分）

1. 调出一张覆盖本船位置的海图，并指出其出版年月、更新号及其制图比例尺。

2. 改变当前海图的比例尺到合适的值。

第三题　海图改正（任选一题）　　　　　　　　　　　（5分）

1. 请调出更新海图的功能，并进行海图自动更新的操作。

2. 读取本船的位置后，请在当前船位正南0.2海里处增加一个北方位标，并读取此点的经纬度。

第四题　系统显示（任选一题）　　　　　　　　　　　（10分）

1. 打开一组EBL和VRM，用以测量长江口灯船（31°06′.7 N　122°32.′0 E）东北方向的引航站的距离与方位。切换NUP（北向上）、HUP（首向上）、CUP（航向向上）三种显示方式，并简单说出每种显示方式的特点。

2. 进行海图数据分成层显示（BASE、STANDARD和ALL）操作，简述海图的信息显示有何变化？请在当前海图显示经纬线，隐藏指北符号和海图边框。

3. 读取本船当前的位置，请把本船GPS位置进行修正（0.3S，0.1E），观察修正后的船位。在哪些条件下要修正本船的位置？开启辅助定位源（次要定位源），并指出主辅（主次）定位数据的显示。如何鉴别两者之间的误差？

4. 设置船舶速度矢量长度为6分钟，读取当前的速度和读取本船的COG的矢量长度（海里）。分别选择真运动（TM）、相对运动（RM）两种运动模式，简述本船在海图的运动有何变化？

5. 模拟船舶夜航，合理设置背景光，并查询某个指定灯标的灯质。根据本船的参数设置合适的安全等深线、浅水水深、深水水深，观察并描述海图的显示特征变化，简述这种强调显示的作用。

第五题　航线设计（必选）　　　　　　　　　　　（20分）

1. 请在船舶静动态数据中查看本船的船长、船宽及吃水。（5分）

2. 设计一条完整航线：①从厦门四号锚地（24°24.675N，118°06.236E）到新加坡东加油锚地在 EASTERN 灯浮（FIR 5S）（275 度，0.6 海里）处；②将设计的航线命名为"XMN——SGP"，并保存。（10分）

3. 使用系统航线检测工具与人工检查相结合的方法，对航线进行安全检查，并适当调整航线上的各个转向点。（5分）

第六题　航行监控（必选）　　　　　　　　　　　（25分）

1. 调用厦门到新加坡的航线，设置成监控状态。（5分）

2. 对航线进行开航前的如下设置：（10分）

①显示安全距离线、转向点名字、航向以及航程；

②到达转向点前 5 分钟提醒驾驶员；

③航向偏差 5 度后提醒驾驶员；

④显示本船的航迹，航迹点间隔设置为 1 分钟；

⑤航行监控范围设置为：向前 5 分钟，左右 0.2 海里的范围，并显示；

⑥开启避搁浅报警；

⑦开启检测危险物标、陆地物标、助航物的避碰报警。

3. 正常用车用舵模拟航行，对航行监控进行测试，并确认与处理系统弹出的哪些报警，如何处理这些报警。（10分）

第七题　航行记录（任选一题）　　　　　　　　　（20分）

1. 当前海况恶劣，请将航海日志的自动记录时间间隔设定为 2 小时。把本船的船时改成世

2. 把本船的船时改成世界时或世界时改为船时。本船在港期间加淡水 100 吨，现已加水完毕，请将该事件完整记录到 LOG BOOK 中。

3. 模拟航行出港，引水员下船，请在 LOG BOOK 中插入"Pilot Off"的事件记录。当前海况恶劣，请将航海日志的自动记录时间间隔设定为 2 小时。

4. 本船在港期间加淡水 100 吨，现已加水完毕，请将该事件完整记录到 LOG BOOK 中。把本船的船时改成世界时或世界时改为船时。

第八题　过分依赖电子海图的风险（任选一题）　　　（5分）

1. 在你使用 ECDIS 模拟器时，指出航行监控和航线检测会存在哪些安全性问题。

2. 设置不正确的相对于本船的安全水深、突出显示值，分析其航行安全风险。

3. 系统的位置传感器（如 GPS）出现故障或误差会有哪些风险？怎么识别？

电子海图显示与信息系统/电子海图系统
（沿海航区二/三副）

第一题　系统检查与故障检测（任选一题）　　　（10分）

1. 开启系统后，检查系统主要接入哪些传感器？检测传感器信号是否故障并指出故障排除方法。

2. 开启系统后，如何检查 GPS 传感器是否有信号？如果没信号如何排除故障？

3. 开启系统后，进入系统界面后检查哪些传感器信号不正常，并指出排除故障的方法。

4. 开启 ECDIS 模拟器后，请确认有哪些传感器报警并逐个指出排除故障的方法。

5. 开启系统后，SOG，COG 位置显示为红色，请确认是哪个传感器信号不正常并指出排除故障的方法。

第二题　海图数据（任选一题）　　　（5分）

1. 调出一张覆盖本船位置的海图，并指出其出版年月、更新号及其制图比例尺。

2. 改变当前海图的比例尺到合适的值。

第三题　海图改正（任选一题）　　　（5分）

1. 请调出更新海图的功能，并进行海图自动更新的操作。

2. 读取本船的位置后，请在当前船位正南 0.2 海里处增加一个北方位标，并读取此点的经纬度。

第四题　系统显示（任选两题）　　　（10分）

1. 请打开一组 EBL 和 VRM，用以测量长江口灯船（31°06′.7 N　122°32.′0 E）东北方向的引航站的距离与方位。切换 NUP（北向上）、H UP（首向上）、C UP（航向向上）三种显示方式，并简单说出每种显示方式的特点。

2. 进行海图数据分成层显示（BASE、STANDARD 和 ALL）操作，简述海图的信息显示有何变化？在当前海图显示经纬线，隐藏指北符号和海图边框。

3. 读取本船当前的位置，请把本船 GPS 位置进行修正（0.3S，0.1E），观察修正后的船位。在哪些条件下要修正本船的位置？开启辅助定位源（次要定位源），并指出主辅（主次）定位数据的显示。如何鉴别两者之间的误差？

4. 请设置船舶速度矢量长度为 6 分钟，读取当前的速度和读取本船的 COG 的矢量长度（海里）。分别选择真运动（TM）、相对运动（RM）两种运动模式，简述本船在海图的运动有何变化？

5. 模拟船舶夜航，合理设置背景光，并查询某个指定灯标的灯质。根据本船的参数设置合适的安全等深线、浅水水深、深水水深，观察并描述海图的显示特征变化，简述这种强调显示的作用。

第五题　航线设计（必选）　　　　　　　　　　　（20 分）

1. 请在船舶静动态数据中查看本船的船长、船宽及吃水。（5 分）

2. 设计一条完整航线：①从厦门四号锚地（24°24.675N，118°06.236E）到上海长江口灯船东北方向的引航站；②将设计的航线命名为"厦门--上海"，并保存。（10 分）

3. 使用系统航线检测工具与人工检查相结合的方法，对航线进行安全检查，并适当调整航线上的各个转向点。（5 分）

第六题　航行监控（必选）　　　　　　　　　　　（25 分）

1. 调用设置好的航线，设置成监控状态。（5 分）

2. 对航线进行开航前的如下设置：（10 分）

①显示安全距离线、转向点名字、航向以及航程；

②到达转向点前 5 分钟提醒驾驶员；

③航向偏差 5 度后提醒驾驶员；

④显示本船的航迹，航迹点间隔设置为 1 分钟；

⑤航行监控范围设置为：向前 5 分钟，左右 0.2 海里的范围，并显示；

⑥开启避搁浅报警；

⑦开启检测危险物标、陆地物标、助航物的避碰报警。

3. 正常用车用舵模拟航行，对航行监控进行测试，并确认与处理系统弹出的哪些报警，如何处理这些报警？（10 分）

第七题　航行记录（任选一题）　　　　　　　　　（20 分）

1. 当前海况恶劣，请将航海日志的自动记录时间间隔设定为 2 小时。把本船的船时改成世界时或世界时改为船时。

2. 把本船的船时改成世界时或世界时改为船时。模拟航行出港，引水员下船，请在 LOG BOOK 中插入"Pilot Off"的事件记录。

3. 模拟航行出港，引水员下船，请在 LOG BOOK 中插入"Pilot Off"的事件记录。本船在港期间加淡水 100 吨，现已加水完毕，请将该事件完整记录到 LOG BOOK 中。

4. 本船在港期间加淡水 100 吨，现已加水完毕，请将该事件完整记录到 LOG BOOK 中。把本船的船时改成世界时或世界时改为船时。

第八题　过分依赖电子海图的风险（任选一题）　　　　　　（5分）

1. 在你使用 ECDIS 模拟器时，指出航行监控和航线检测会存在哪些安全性问题。

2. 设置不正确的相对于本船的安全水深、突出显示值，分析其航行安全风险。

3. 系统的位置传感器（如 GPS）出现故障或误差会有哪些风险？怎么识别？

参考文献

［1］ 中国海事服务中心．航海学．航海地文、天文和仪器［M］．北京：人民交通出版
社；大连：大连海事大学出版社，2012.

［2］ 章文俊．航海学．航海天文、地文和仪器［M］．大连：大连海事大学出版社，2012.

［3］ 赵学俊．电子海图显示与信息系统（ECDIS）．大连海事大学航海学院，2012.

［4］ 郭禹．航海学．大连：大连海事大学出版社，2005.

［5］ 关政军，刘彤．航海仪器［M］．大连：大连海事大学出版社，2009.

［6］ 国际海事组织．电子海图显示与信息系统（ECDIS）的操作使用［M］．中华人民共
和国海事局，译．大连：大连海事大学出版社，2015.